CLAUDIA HÖLLBACHER

# DEINE KÜCHE VOLLER GENUSS

## WENN ESSEN GLÜCKLICH MACHT

Frühstücksideen, Suppen, One Pot,
Dips, Desserts uvm.

Bibliografische Information der Deutschen Nationalbibliothek.

Die Deutsche Nationalbibliothek verzeichnet diese Publikation in der Deutschen Nationalbibliografie; detaillierte bibliografische Daten sind im Internet über http://dnb.dnb.de abrufbar.



Für Fragen und Anregungen:
info@eulogiaverlag.de

ISBN 978-3-96967-422-2 Hardcover
ISBN 978-3-96967-423-9 E-Book

Originale Erstausgabe 2024


Eulogia Verlags GmbH
Gerhofstraße 1–3
20354 Hamburg

Lektorat: Sandra Pichler
Satz und Layout: Tomasz Dębowski
Covergestaltung: Aleksandar Petrović

# Inhaltsverzeichnis

**Lieber Leser, liebe Leserin! 9**

**Vorwort 10**

**Einleitung 14**

**Meine Philosophie 22**

**Iss mit Genuss und fühl dich wohl! 22**

**So geht Thermomix® 25**

Carpe diem! – Zeit- und Aufwandersparnis 25
How to thermomix® – Basics zur manuellen Nutzung 28
Einfach Thermomix® – Was du dir alles sparst 35
Thermomix®-Modi – kurz & knapp 37

## Basisrezepte 48

Gemüsepaste à la KochEule – Grundstock 50
Backtrennmittel 1, 2, 3 à la KochEule 53
Vanillezucker einfach selbst gemacht 55
Zitronen- oder Orangenzucker 56
Zitronensalz 59
Kokosmilch-Paste 60
Haferdrink 62
Mandeldrink 64

## Good Morning – Frühstücksideen 66

Overnight Oats – mein Lieblingsfrühstück 68
Frühstücks-Muffins 70
Granola à la Claudia 72
Spinat-Rührei-Muffins 74
Frühstücks-Toasties 76
Apfel-Nuss-Müsli mit Quark 78
Trinkfrühstück „to go" 80
Hirse-Birchermüsli 82
Auberginen-Shakshuka mit Ei 84

## Brot & Brötchen 86

Brainfood-Brot 88
Dinkel-Buttermilch-Kruste 90
Körndl-Brötchen mit Käse-Kern 92
Emmer-Nuss-Brötchen „über Nacht" 94
Knusprige Kornstangen 96
Vitamingeladene Dinkelbrötchen 98
Käse-Nuss-Stangen 100

## Aufstriche & Dips 102

Dattel-Curry-Aufstrich mit Feta 104
Ampel-Hummus-Dreierlei 106
Mango-Tomaten-Chutney 108
Süßkartoffelbutter, vegan 110
Beeren-Chia-Marmelade 112
Avocado-Schoko-Aufstrich 114

## Snacks & Energielieferanten 116

Unwiderstehliche Brokkoli-Chips 118
Pizzaschnecken 120
Gebackene Schokobanane im Schlafrock 122
Fruchtschnitten 124
Pfannkuchen „die Besten" 126
Blitz-Flammkuchen 128
Energiebällchen für Groß & Klein 130
Power Snickers 132

## Suppen 134

Fruchtige Kürbiscremesuppe mit Bulgur 136
Kokos-Currysuppe mit Garnelen 138
Brokkoli-Käse-Suppe mit Schinkenbällchen 140
Auberginen-Tomaten-Suppe 142
Käsesuppe mit Hackbällchen 144

## Hauptgerichte – mein bunter Mix 146

Tipps & Tricks rund um Turmkochen und One Pot 148

## Turmkochen 150

Kalbsrahmgulasch mit Laugenknödel 151
Schweinefilet im Kräuter-Parmesan-Mantel mit Gemüse und Jasminreis 154
Cremiger Gemüseeintopf 156
Tomaten-Frischkäse-Gnocchi mit Lachs – unser Highlight 158
Gebratene Reisnudeln in Currysoße mit Gemüse und Rinderfiletstreifen 160
Putenroulade in Kräuter-Senfsoße mit Kartoffeln und Gemüse 162

## One Pot 164

One-Pot-Fischeintopf mit Kartoffeln 165
Porree-Risotto mit Hühnchen 168
One-Pot-Pasta Aglio Olio mit Tomaten, Basilikum und Nussparmesan 170
One-Pot-Kürbis-Käse-Makkaroni 172
Hähnchen-Curry-Reis mit Möhren und Mais 175
Chili sin carne 176

## Ofengerichte 178

Süßkartoffel-Linsen-Lasagne 179
Fleischlaibchen für Vitaminjäger auf Rote-Bete-Kartoffelpüree 182
Überbackene Gnocchi „quattro formaggi" mit Spinat 184

## Eat Sweet, Feel Good – Süße Versuchung 186

Apfeltiramisu ohne Ei und Alkohol 188
Milchreis mit warmen Kirschen 190
Vanille-Sahne-Marmorgugelhupf 192
Nusskuchen mit Schoko-Nougat-Guss 194
Nussroulade gefüllt mit Beeren, ohne Mehl 196
Mamas gebackene Topfentorte 198
Beeren-Vanilleröllchen 200
Espresso-Pannacotta mit Schokostreuseln 202
Crema catalana mit Zimt & Orange 204
Schokomousse mit Aquafaba 206

**Mach dir das Mixen leichter 208**

**Ich möchte Danke sagen 212**

**Alphabetisches Rezeptregister 216**

# Lieber Leser, liebe Leserin!

Du isst gern gut und ausgewogen und wünschst dir in deinem Alltag eine gute Abwechslung von Gerichten, dir fehlen aber die Ideen? Du möchtest wissen, was drinnen ist und auf unnötige Inhaltstoffe in deinen Mahlzeiten verzichten? Du kochst mit dem Thermomix® oder hast das in Zukunft vor? Du bist auf der Suche nach Inspiration und hilfreichen Tipps und Tricks im Umgang mit deinem Küchenhelfer? Dann wird dir dieses Kochbuch gefallen.

Mein Name ist Claudia Höllbacher, ich bin verheiratet und Mutter von drei wundervollen Jungs. Mein Beruf ist eher eine Berufung, denn ich liebe es, Menschen mit meinen mit Liebe kreierten Rezepten zu begeistern und ihnen dann noch im Umgang mit ihrem Thermomix® eine Hilfe zu sein. Ich bin Influencerin und auf YouTube als KochEule zu finden. Dort inspiriere ich meine Zuschauer mit meinen neuen Ideen. Außerdem zeige ich alles rund um den Küchenfreund, sodass der Umgang mit dem Thermomix® ein Kinderspiel für jedermann ist.

Dieses Buch ist eine Herzensangelegenheit von mir, denn ich wollte schon immer ein Kochbuch schreiben. Ich wusste nur nicht, wo ich anfangen soll. Die Zusammenarbeit mit dem Eulogia Verlag hat mir diesen Traum erfüllt und ich bin froh, dir nun mein Buch präsentieren zu dürfen.

Was erwartet dich? Du findest tolle Rezepte aus unterschiedlichen Bereichen, viele Tipps und Tricks aus meiner langjährigen Erfahrung mit dem Thermomix® und aus meinen zahlreichen Kundenkochen. Dadurch weiß ich, woran es oft fehlt und was du brauchst, um deinen Küchenhelfer voll zum Einsatz zu bringen. Mein geballtes Wissen und meine Liebe zum Genuss finden sich in diesem Buch wieder und nehmen dich mit auf eine schöne Reise durch meine Genusswelt. Lass dich mitnehmen und hol dir puren Genuss in deine Küche.

Ich wünsche dir viel Spaß beim Lesen und ganz viel Freude beim Genießen meiner Gerichte.

# Vorwort

„Auch wenn es das Letzte ist, was ich jemals tun werde: ich schreibe mein eigenes Kochbuch!" Diesen Satz habe ich mir nicht nur eingeprägt und als Mantra immer wieder aufgesagt, ich habe auch jedem diese Antwort gegeben, der mich gefragt hat, wann denn mein eigenes Buch rauskommt oder welche Pläne ich habe.

Dieser Gedanke daran, meine Erfahrung und von mir mit Liebe kreierte Rezepte weiterzugeben, mich somit auch ein Stück weit zu verewigen, der begleitet mich schon sehr lange. Schon weit vor 2019, als ich in meine YouTube-Karriere schlitterte, träumte ich davon, mein eigenes Buch zu schreiben. Ich muss ehrlich zugeben, am Wissen und den Rezepten scheiterte es nie, nur am Plan – wo fange ich an? Diesen Plan habe ich nun verwirklicht, dank der wundervollen Unterstützung vom Eulogia Verlag, der mir die Chance gibt, meinen Traum zu realisieren.

Doch starten wir mal ganz von vorn: Wieso spielen das Kochen, die bewusste Ernährung und der Genuss so eine große Rolle in meinem Leben und was haben diese Dinge mit dem Thermomix® zu tun?

Seit ich denken kann, hat das Kochen einen Platz in meinem Leben. Als kleines Kind nur indirekt, denn ich bin als Tochter in einem traditionellen, kleinen, aber feinen Gasthaus aufgewachsen. Je älter ich wurde, desto mehr kochte ich, denn ich half meiner

Mutter und meiner Oma in der Küche, wann immer dies notwendig war. Es war nie eine Frage, denn es war für mich, wie auch für meine Familie, selbstverständlich und machte mir immer viel Spaß. Ich konnte mir hier sehr viel abschauen, nicht nur von meiner Mama, vor allem auch von meiner sehr erfahrenen Großmutter, die wirklich mit so viel Leidenschaft bei der Sache war. Es war ihr Lebenswerk. Dafür setzte sie sich Tag für Tag voll ein. So folgte ihr meine Mutter; und ich war da, um sie dabei zu unterstützen, wo ich konnte.

Auch meine schulische Laufbahn war durch meine Herkunft geprägt. Nach den ersten vier Jahren Volksschule besuchte ich eine katholische Mädchenhauptschule mit Schwerpunkt Hauswirtschaft. Dort lernte ich schon sehr früh das Organisieren von Rezepten, Menüfolgen, Zeitmanagement, Grundrezepte sowie deren Umsetzung ins Praktische. Wir bekamen immer andere Gänge zum Vorbereiten und Kochen, wir mussten uns selbstständig organisieren und uns die Zeit selbst einteilen. Am Ende musste alles fertig sein. Das hat mir schon sehr früh geholfen, in der Küche einen Plan zu haben. Diese Zeit sowie der Besuch der weiterführenden Schule, eine Hauswirtschaftsschule mit Schwerpunkt Wellness und Ernährung, bis zur Matura legten den Grundstein für die Entwicklung meiner Liebe zum Kochen und Backen. Mein Interesse wuchs. Ich wollte wissen, was in Gerichten enthalten ist, woraus Dinge bestehen und was für einen Einfluss sie auf den menschlichen Körper haben – egal ob positiv oder negativ.

Noch stärker geprägt wurde meine Beziehung zu gesunden und wertwollen Mahlzeiten sowie mein Bewusstsein für Lebensmittel und deren Inhaltsstoffe durch eine schwierige Zeit in meinem Leben, eine Zeit, in der meine persönliche Entwicklung durch Essstörungen begleitet wurde. Als unser erster Sohn geboren wurde, war es höchste Zeit, diesen Abschnitt meines Lebens endgültig zu beenden. Dank guter Hilfe über Jahre hinweg, die ich mir geholt habe, viel Arbeit an mir selbst und der großen Unterstützung meines Partners, mittlerweile Ehemannes, sowie von Freunden und Familie habe ich das geschafft. Ich durfte in dieser, wenn auch teils unschönen Zeit sehr viel lernen. Das Wichtigste im Leben ist der Genuss – in jeder nur denkbaren Beziehung. So kam es, dass ich eine noch größere Liebe zum Produkt entwickelte, das Schöne daran erkannte, selbst solche großartigen Lebensmittel herzustellen, genau zu wissen, was drinnen ist, und somit noch mehr genießen konnte, als es mir jemals zuvor möglich war. Es machte mich zu einer glücklichen Genießerin und war der Beginn meiner brennenden Kochleidenschaft, denn ich durfte das Kochen von einer noch schöneren Seite kennenlernen.

Neben meinem Studium der Anglistik sowie der Rolle als Mutter arbeitete ich immer wieder im Gastgewerbe, in der Küche sowie im Service. Danach durfte ich noch eine schöne Zeit als Rezeptionistin verbringen, bis zu dem Zeitpunkt, als ich mit unserem zweiten Sohn schwanger wurde. Mit seiner Geburt und der darauffolgenden Mutterschaftszeit wurde meine nächste Ära eingeläutet: mein Weg in die Selbstständigkeit.

Als ich die Zeit mit unserem zweiten Sohn von zu Hause aus genossen habe, war trotz allem bald wieder der Drang da, etwas zu tun, ein bisschen rauszukommen. Ich konnte nur schwer die Beine stillhalten. Wie es das Schicksal wollte, bekam ich Anfang 2018, zu meinem 30. Geburtstag, von meinem Mann und einigen aus der Familie sehr überraschend einen Thermomix® geschenkt (soll ja super sein für Babybrei). Meine Begeisterung hielt sich anfangs noch in Grenzen, denn ich zählte zu der Sorte: „Ich brauche keinen Thermomix®, ich kann sehr gut kochen." Doch ich wurde eines Besseren belehrt, denn er hat mich nur unterstützt in dem, was ich sowieso schon konnte. Ich habe die Vorteile erkannt, denn es war so eine Arbeitserleichterung und Zeitersparnis, dass ich mir nicht mehr vorstellen wollte, ohne diese Küchenmaschine sein zu müssen. So begann eine neue Leidenschaft und diese musste man doch in die Welt tragen! So kam es, dass ich das selbst in die Hand genommen habe. Dank dem Drängen einer Freundin aus dem Studium, die bereits seit Langem im Direktvertrieb mit dem Thermomix® unterwegs war, begann ich im Oktober 2018 als selbstständige Beraterin. Was für eine prägende Entscheidung das sein würde, war mir damals noch nicht bewusst.

Nachdem ich über ein Jahr Erfahrung mit meiner neuen Küchenmaschine sammeln konnte – davon auch eine Zeit lang in der Kundenberatung tätig war – und merkte, welchen Mehrwert diese bringt, war mir klar: das gehört in die Welt, das muss jeder wissen. So passierte der nächste Schritt meines Werdeganges. Ja, tatsächlich: er *passierte* mir, denn in meine Karriere als YouTuberin bin ich reingeschlittert. Und wem verdanke ich das Ganze? Meinem Ehemann, der mich immer in allem unterstütz hat. Danke dafür!

Im März 2019 kam ein neues Modell heraus, der TM6®. Das war der Startschuss für meinen YouTube-Kanal. Eines Abends, als ich gerade beim Vorbereiten des Abendessens war, sagte mein Mann: „Komm, lass uns doch mal ein Video mit dem TM6® drehen und es auf YouTube stellen. Es kann ja nichts passieren. Kochen tust du sowieso. Warum nicht probieren?" Anfangs war ich gar nicht begeistert, denn ich hatte Angst – nein, ich war einfach nur extrem aufgeregt. Ich konnte mir erst gar nicht vorstellen, in eine Kamera zu reden, ein Video zu drehen und dieses auf eine Plattform zu stellen, auf der es einfach jeder sehen kann. Doch mein Mann hat mich so bestärkt und beruhigt, dass ich es einfach ausprobiert habe. Siehe da, ich habe es geschafft. Wir haben es hochgeladen – und mein YouTube-Kanal war geboren. Ich würde sagen, dieses Glück ist mir *passiert*, aber natürlich musste man etwas wagen, um zu gewinnen.

Nachdem anfangs regelmäßig Kochvideos online kamen, haben wir uns überlegt, welchen Mehrwert wir bieten können. Wir wollten unseren Zusehern einfach alles bieten; angefangen von Neuigkeiten rund um den Thermomix® über interessante Rezepte, Tipps und Tricks sowie nützliches Zubehör. Gesagt, getan ... Wir haben immer mehr Abwechslung hineingebracht und so konnte der Kanal wachsen und wachsen, bis wir bei der KochEule angekommen sind. Über jedes weitere Wachstum freuen wir uns immer noch sehr. Es ist die Leidenschaft, die dahintersteckt, aber vor allem auch die Begeisterung, welche ich an meine Zuseher weitergebe. Ich habe es mir zur Aufgabe gemacht, einfach jeden da draußen wissen zu lassen, was für eine Erleichterung der Thermomix® bringt. Ich will für jeden da sein, egal ob Anfänger, Fortgeschrittener oder Profi. Ich habe gemerkt, wie dankbar Tipps angenommen werden, wie viele Neulinge ihr Gerät erst durch meine Videos richtig verstanden und wirklich genutzt haben. Ich bekam so viele schöne Dankesnachrichten, die mich teilweise stark berührt haben. So habe ich den tatsächlichen Wert meiner Arbeit und den Sinn dahinter gefunden. Ich wurde mit der Zeit auch immer häufiger gefragt, ob es denn von meinen Rezepten ein Kochbuch gäbe oder ob ich die Tipps auch schriftlich verfasst habe. Mir war klar, ein Kochbuch wird es geben. Ich wusste, ich werde ein Buch schreiben, egal wann, es wird geschehen. So schließt sich der Kreis um den Ursprung dieses Werkes, welches ich sehr dankbar bin, schreiben zu dürfen. Mein erstes Kochbuch als Dankeschön, um etwas zurückzugeben für die großartigen Chancen, die ich im Leben bekommen habe, und durch deren Nutzung ich meine Leidenschaft leben und weitergeben darf.

Hier findet ihr mich bei YouTube:

www.youtube.com/KochEule

# Einleitung

Was ist meine Mission? Ich möchte mit meinen Rezepten den Genuss in den Mittelpunkt stellen und dabei zeigen, wie man den Kochalltag mit Leichtigkeit und Abwechslung gestalten kann. Eine große Rolle spielt dabei der Thermomix®, die Allrounder-Küchenmaschine.

Mir haben sich von Beginn an diese wohl wichtigsten Fragen gestellt: Was möchte ich dir mit meinem Kochbuch mit auf den Weg geben? Welche Vorabinformationen brauchst du wirklich, bevor du loslegst?

Nun sitze ich hier und bin voller Vorfreude darauf, meinen Schreibprozess zu beginnen. Dabei möchte ich mich auf das Wesentliche konzentrieren: den Thermomix® für jedermann praxisnah erklären; eine ansprechende Rezeptwelt aus meiner Genussküche präsentieren; sowie alle für die Rezepte relevanten Funktionen beschreiben, damit keine Fragen offenbleiben. Wichtig sind mir hierbei alltagstaugliche Erklärungen für jedermann: Neuling, Hobbykoch oder Profi. Mein Ziel ist es, ein gutes Gleichgewicht zu finden. Ich möchte genug Informationen bieten, aber eben auch nicht zu viel, denn im Endeffekt braucht es nur ganz wenig, um Großartiges zu kreieren.

Ich nehme dich an die Hand und gemeinsam nehmen wir jede Hürde. Oft steht die Unsicherheit im Vordergrund. Häufig stellen sich Anfänger die Frage: „Wie gehe ich mit dem Thermomix® überhaupt um?" Auch wenn grundsätzlich gilt: „Probieren geht über Studieren", braucht es eine gute Basis – und diese möchte ich dir mit auf den Weg geben. Dabei führe ich dich durch eine Welt vielfältiger Möglichkeiten, die dir der Thermomix® in der Küche bietet. Gemeinsam finden wir heraus, welche Funktionen dir die Küchenmaschine bietet und wie du diese effektiv einsetzt.

Dein Thermomix® bietet dir alles, was du brauchst, du sparst dir etliche Küchengeräte damit, z. B. Mixer, Pürierstab, Dampfgarer, Eierkocher u. v. m. Doch damit nicht genug, er erleichtert dir Arbeitsschritte und nimmt dir die meisten davon sogar ab. Somit hast du Zeit für die wichtigen Dinge im Leben.

Stell dir doch mal vor, du kommst nach einem stressigen Arbeitstag nach Hause, bist müde und möchtest nur noch unter die Dusche. Hunger hast du auch noch und du möchtest natürlich etwas Gesundes, Ausgewogenes essen. Vielleicht hast du auch noch Familie, die versorgt werden will, und Zeit spielt ebenfalls eine große Rolle; es muss schnell gehen. Genau hier kommt der Thermomix® mit all seinen Fähigkeiten zum Einsatz. Du fütterst ihn mit guten Zutaten und den Rest übernimmt er für dich. Während dein Gericht fertiggart, kannst du dich ums Wesentliche kümmern. Anstatt beim Herd zu stehen, sorgt dein Helfer dafür, dass nichts anbrennt und du am Ende eine reichhaltige Mahlzeit servieren kannst. Klingt das nicht gut? Dann lies auf jeden Fall weiter, denn meine mit Liebe entwickelten Rezepte zeigen dir, wie schön Kochen sein kann und wie es sich anfühlt, großartige Gerichte einfach selbst zu machen – mit deinem Thermomix®. Dabei soll der Genuss in den Vordergrund rücken, der Stress von dir abfallen und Freude dich erfüllen. Den Verzicht verbannen wir dafür aus der Küche.

Ich habe mit viel Liebe großartige Rezepte für deine Genussküche entwickelt. Sie sollen dir deinen Alltag versüßen und dir ganz viel Freude bringen. Ich möchte meine Begeisterung für den Thermomix® und die Leidenschaft fürs Selbermachen mit dir teilen und bei dir das Feuer entfachen, damit auch du beginnst dich einfach auszuprobieren. Der Stolz auf sich selbst, wenn man sieht, was man wieder gezaubert hat, ist unbezahlbar. Ich wünsche dir viele dieser Momente.

Du bist Hobbykoch, kennst deinen Thermomix® schon sehr gut oder bist sogar Profikoch? Vielleicht fragst du dich, warum du weiterlesen sollst? Ganz einfach, weil man nie auslernt. Das stelle auch ich immer wieder aufs Neue fest. Lass dich von mir auf eine genussvolle Reise durch meine Rezeptwelt mitnehmen. Probiere dich mit deinem Können und deiner Kreativität aus und lass dich von mir inspirieren. Sieh dieses Buch als Möglichkeit, Gerichte durch meine Inspiration und deine Leidenschaft ganz groß werden zu lassen. Lass uns gemeinsam eine Genussexplosion erzeugen!

Abgerundet wird der genussvolle Teil dieses Buches noch mit vielen hilfreiche Tipps & Tricks, teilweise mit QR-Codes und Herzensempfehlungen für dich! Ich zeige dir auch ein paar Thermomix®-Helfer, die einfach Spaß machen und noch einige Abläufe beim Kochen vereinfachen. Ein treuer und wichtiger Begleiter auf meinem Weg ist hier von Beginn an die Firma Wundermix. Das möchte ich euch nicht vorenthalten! Warum? Weil so manches Zubehör auch mich zu Beginn meiner Karriere auf YouTube noch zum Staunen gebracht hat. Manches bereitet mir immer wieder aufs Neue schöne Wow-Momente. Also, warum sich nicht den Kochalltag mit sinnvollen Helfern nochmal verschönern, wenn es doch so großartige Produkte gibt?

Doch wer steckt hinter Wundermix und welchen Produkten wirst du im Buch begegnen?

Wundermix entstand durch den zielstrebigen Einsatz von Andreas Schreiner und seiner Frau Steffi. Was mit einem Gleitbrett – als Problemlöser für den Kunden – begann, war erst der Beginn von Großem. Die Leidenschaft für den Thermomix® und für praktische Helferlein beim Kochen und Backen – das ist Wundermix. Spezialisiert auf die Entwicklung und Produktion von ausgewähltem, praktischem Zubehör für deinen Thermomix®, steht für die Firma immer der Spaß am Kochen im Mittelpunkt. Das ist es auch, was mich mit Wundermix verbindet.

Mit ihrem Know-how entwickeln sie, in Zusammenarbeit mit ihrem innovativen Team, mit erfahrenen Produktdesignern ihre eigenen Produkte „Made by Wundermix".

In puncto Funktion, Design und Verarbeitung kommt nur ausgewähltes Zubehör auf den Markt, welches auch ihren eigenen hohen Ansprüchen gerecht wird sowie höchste Qualität garantiert. Bei ihren Produkten setzen sie auf Nachhaltigkeit: Sie lassen in der Regel in kleinen lokalen Handwerksbetrieben fertigen und setzen auf recyclebare Materialien. So unterstützen sie die heimische Wirtschaft und schonen die Umwelt.

Dieser Aspekt ist für mich von enormer Bedeutung, denn unsere Umwelt gehört ebenso mit Liebe behandelt wie wir selbst, denn wir sind hier nur zu Gast, vorübergehende

Besucher. Wir sollten unsere Erde, unseren Lebensraum, respektvoll behandeln und nicht mit Füßen treten.

Natürlich gelingt jedes meiner Rezepte auch ganz ohne Zubehör. Dennoch werde ich dir zeigen, wo du gezielt ausgewählte Produkte zum Einsatz bringen kannst. So siehst du, wo man mit dem einen oder anderen praktischen Helferlein manche Prozesse noch vereinfachen kann.

www.dampfumleiter.de

Ein Beispiel dafür ist für mich der **Mixtaste**®, ein Dampfumleiter. Diesen kannst du ganz einfach einsetzen, wenn dein Thermomix® unter Hängeschränken in deiner Küche platziert ist. Du schonst somit deine Möbel vor entstehender Nässe. Er kann um 360° gedreht werden. Du kannst regulieren, in welche Richtung der Dampf 20 cm weit weggeleitet werden soll.

Für den Fall, dass der Mixtopfinhalt einmal überkochen sollte, verfügt der Mixtaste® über einen ausgeklügelten Sicherheitsauslauf. So entsteht zu keinem Zeitpunkt Druck und eine sichere Benutzung ist zu jedem Zeitpunkt gewahrleistet.

Aus diesem Grund wende ich ihn auch bei meinen Rezepten an, sobald der Thermomix® Flüssigkeiten über 95 °C kocht. Auf dem Display zeigt dir dein Thermomix® hierzu an, dass du das Garkörbchen verwenden sollst, was jedoch in der Reinigung viel aufwendiger ist.

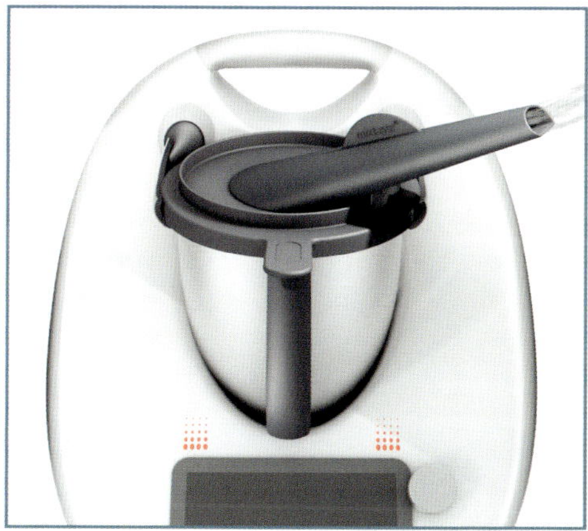

Du siehst also, ich setze Zubehör nur dort ein, wo es mir sinnvoll erscheint. Dir möchte ich diese Möglichkeiten auch mit auf den Weg geben, möchte aber noch einmal betonen: Es ist kein Muss, nur eine Herzensempfehlung. Am Ende entscheidest du. Wichtig ist nur, du kannst all meine Gerichte kochen, egal ob mit oder ohne das mögliche Zubehör.

Es gibt noch weitere Helfer, denen ich Platz und Raum in meinem Buch bieten möchte. Diese möchte ich mir in meinem Koch- und Backalltag mit dem Thermomix® nicht mehr wegdenken. Dazu zähle ich folgendes Zubehör, das mir schon den ein oder anderen Aha-Moment verschafft hat.

## **Miximizer®,** Mixtopf-Verkleinerung

Besonders nützlich ist der Miximizer®, wenn beim Zerkleinern von Zwiebeln, Knoblauch, Schokolade, Parmesan und hartem Gemüse ein gleichmäßiges Ergebnis erzielt werden soll. Auch beim Pulverisieren von Zucker und beim Mahlen von Getreide entstehender Staub lässt sich minimieren.

www.miximizer.de

Der Miximizer® von Wundermix sorgt dafür, dass das Mixgut gleichmäßig vom Messer erfasst wird und nicht auf den Klingen umherspringt.

www.teigpro.de

## **TeigPRO,** Teigrestevermeider

Der TeigPRO umschließt das gesamte Mixmesser von deinem Thermomix®. Er verhindert somit, dass die klebrige Teigmasse den Kern des Messers berührt. So wird die Entnahme des Teiges aus dem Mixtopf deutlich erleichtert.

Dank der Aussparungen und des kegelförmigen Designs des TeigPRO wird der Teig weiterhin optimal geknetet und verrührt. Nach der Zubereitung den TeigPRO und das Mixtopfmesser nur kurz mit warmem Wasser abspülen und schon ist das Messer wieder einsatzbereit.

## **RollPro,** Teigroller mit zwei unterschiedlich großen Walzen

Der RollPro verfügt über zwei Walzen: eine große und eine kleine. Die große Walze ermöglicht flächiges, effektives Arbeiten, also das Ausrollen von Pizzateig, Strudelteig, Flammkuchenteig und vielem mehr.

Die kleine Rolle hingegen ist mit der leicht abgerundeten Form perfekt für präzises Ausrollen in Backblechen und in Kuchenformen. So bringst du den Teig in jede noch so kleine Nische!

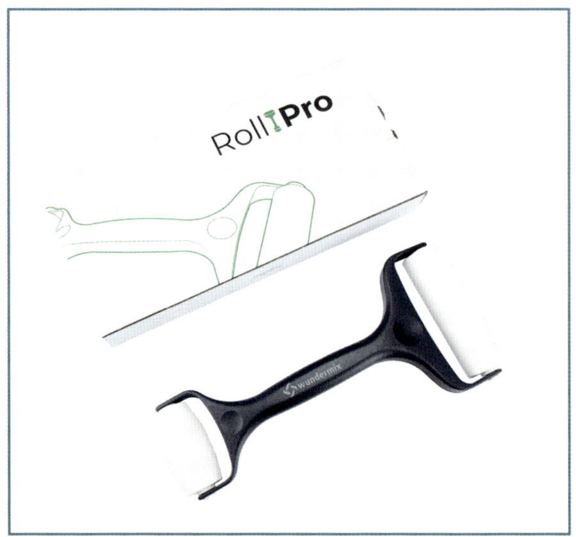

www.teigroller.de

## **WunderMat®,** Premium-Teigmatte

Backen macht glücklich! Damit ihr beim anschließenden Saubermachen der Arbeitsplatte immer noch ein Lächeln im Gesicht habt, hat Wundermix eine Premium-Teigmatte aus Silikon designt. Die 60 cm x 40 cm große Silikon-Matte bietet ausreichend Platz für alle Zutaten, die du fürs Backen benötigst. So bleibt die Küchenarbeitsplatte ab jetzt sauber.

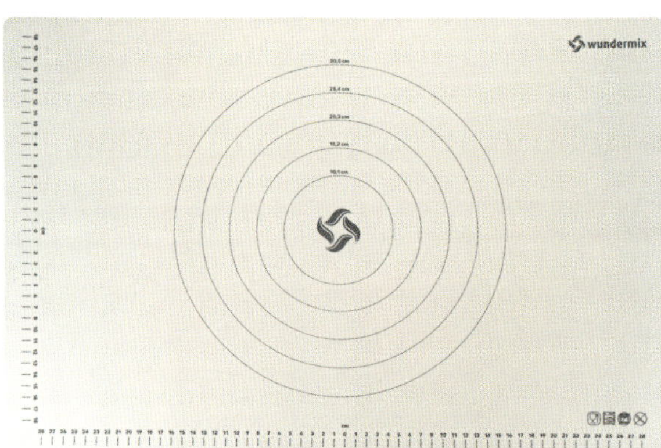

www.wundermat.de

Die Antirutschbeschichtung auf der Rückseite der Silikonmatte erleichtert zudem das Kneten, Formen und Ausrollen des Teigs. Die Unterlage bleibt auf der Arbeitsplatte haften, ohne zu verrutschen – selbst wenn ihr Brotteig darauf knetet oder Plätzchenteig ausrollt.

Mit dem Rabattcode kocheule bekommt ihr bei Wundermix 5 %:

www.wundermix.de

Hier habe ich einen Rabattcode für dich, den du auf www.wundermix.de immer auf deinen Einkauf anwenden kannst. Du sparst dir damit 5 % auf deine Produkte. Falls du also über das ein oder andere Zubehör nachdenkst, dann vergiss nicht, bei deinem Einkauf Geld zu sparen.

Du siehst also, dieses Buch hat so einiges zu bieten! Ich zeige dir, wie einfach das Thermomix®-Kochen ist, wie du Abwechslung in deinen Alltag bringst und wie du dir schöne Momente in dein Leben zauberst. Momente voller Genuss!

Auf deinem Weg durch meine Genusswelt begleiten dich auch stets spannende Tipps und Tricks für deinen Kochalltag und rund um den Thermomix®, damit du deine Küchenmaschine optimal nutzen und einsetzen kannst. Dazu gibt es auch Herzensempfehlungen meinerseits von Produkten, die für noch mehr Einfachheit und Spaß in deiner Küche sorgen.

Du wirst eine sehr schöne Genussreise machen, die viel zu bieten hat: angefangen von tollen Frühstücksideen, über Brot und Brötchen, Aufstriche, Suppenideen, köstliche Hauptgerichte (mit Fleisch, Fisch und vegetarisch), Snacks für Groß und Klein, aber auch süße Versuchungen werden dir begegnen. Natürlich bekommst du auch eine gute Basis mit meinen Grundrezepten und Tipps und Tricks für den Thermomix® werden alles abrunden. Es ist einfach alles vertreten, für jeden Moment und für jedermann: meine Rezepte, die Lust und Laune in jede Küche bringen sollen, begleitet von purem Genuss und Leidenschaft!

Meine Rezepte sind für den TM6 sowie den TM5 ausgelegt. Wenn du Gerichte mit deinem TM31 nachkochen möchtest, dann behalte bitte immer die Füllmenge von max. 2 Litern im Auge. Du musst bei manchen Rezepten ggf. die Mengen etwas reduzieren, um diese nachkochen zu können.

Ich wünsche dir viel Freude mit meinem Kochbuch, beim Nachkochen meiner Rezepte und beim Entdecken der Welt des Thermomix® und seiner Vielfalt.

# Meine Philosophie

## Iss mit Genuss und fühl dich wohl!

Eine logische Schlussfolgerung für mich, denn am Ende schließt sich der Kreis immer wieder beim Genuss. Viele Menschen unterschätzen, welch großen Einfluss Genuss auf unser Wohlbefinden hat. Deshalb ist es mir auch so wichtig zu betonen, dass es für eine ausgewogene und sättigende Ernährung notwendig ist, Verbote aus der Küche auszusperren und das schlechte Gewissen vom Esstisch zu verbannen. Damit meine ich sättigend nicht nur im Sinne des Sattmachens, nein, sättigend auf jeder Ebene, eben auch im Sinne der psychischen Gesundheit. Es gibt keine „guten" oder „bösen" Lebensmittel und es ist etwas Wahres dran an dem Spruch „Die Dosis macht das Gift". Wer das verstanden hat, ist offen für wahren Genuss und Wohlbefinden in seinem Leben. So kam auch meine Idee zu dem Buchtitel, denn es besteht eine Abhängigkeit zwischen gutem Essen und Zufriedenheit. Sei dir dessen stets bewusst.

Was steckt dahinter? Wieso behaupte ich so etwas? Ganz einfach. Nach Jahren geprägt von Verzicht, Verboten und schlechtem Gewissen bin ich heute einfach gescheiter. Ich kann dir sagen, es ging mir nicht gut, gar nicht gut, als ich mir und meinem Körper verwehrt habe, was wir so dringend gebraucht hätten: nährstoffreiche Nahrung, Kalorien, Genuss! Das ständige Kalorienzählen und Kalorienverweigern, der ständige Drang danach, noch mehr Sport zu machen, um sich dann einen Schokoriegel erlauben zu können. Klingt das für dich nach Wohlbefinden? Nein, für mich auch nicht.

Ich kenne da jemanden, den ich schon immer für seine Leichtigkeit im Umgang mit Essen bewundert habe. Du fragst dich jetzt, wofür genau? Für seine Einstellung zum Essen, einfach alles zu essen, genau so viel, wie er gerade Lust darauf hat, und das Ganze auch noch, wann er will. Nein, kein Übergewicht, im Gegenteil, ein sehr bewusster Mensch und der wohl größte Genießer, den ich kenne. Durch seine wertfreie Einstellung zu Lebensmitteln hat einfach nichts ein Label wie gut oder schlecht, gesund oder ungesund. Es gibt keine Empfehlungen, die ihn interessieren würden, wie beispielsweise nach 17 Uhr nichts mehr zu essen, am Abend keine Kohlenhydrate mehr zu sich zu nehmen, Intervallfasten, Diäten oder Ähnliches. Man glaubt es kaum, doch er ernährt sich so ausgewogen wie nur wenige Menschen, die ich kenne. Genauer gesagt, es steht einfach alles auf seinem Speiseplan, was ihm guttut. Er vertraut auf seinen Körper, der ihm schon sagt, was er braucht. Somit ist es logisch, dass er von allen Nährstoffen genug hat, die sein Körper benötigt, um reibungslos zu funktionieren. Aber auch nie zu viel.

Ich werde nie vergessen – als es mir selbst nicht gut ging und ich weit davon entfernt war, nur irgendetwas genießen zu können –, was diese Person immer wieder sagte (und das nicht immer zu mir, er lebt diese Einstellung): „Egal was du isst, genieß es! Dann hat es schon seinen Zweck erfüllt." Da steckt so viel Wahres drin und es hat mich lange beschäftigt. Das ist womöglich das Geheimnis, wie man zu dem glücklichen Genussmenschen wird, der ich immer sein wollte. Ich stand mir damals noch selbst im Weg. Doch heute bin ich überglücklich, behaupten zu können, dass ich definitiv ein Genussmensch bin. Ich durfte erfahren, wie schön es ist, durch wahren Genuss zu meinem Wohlbefinden beizutragen. Wenn auch mit Ups and Downs, aber das gehört dazu – das nennt man Leben.

Was ich damit ausdrücken möchte? Es liegt mir einfach sehr viel daran, das Essen, den Genuss, die Leidenschaft in diesem Buch in den Mittelpunkt zu stellen. Ich kann einfach so viel aus meiner Vergangenheit und meinen Erfahrungen in die Welt tragen und das sehe ich auch als meine Aufgabe. Mit meinen Rezepten möchte ich den Genuss und die Leidenschaft, die Freude am Essen und den Spaß am Kochen in so viele Küchen tragen wie nur möglich. Heute würde ich von mir selbst behaupten, dass ich eine sehr gesunde Einstellung zu Ernährung habe. Hätte man mir früher gesagt, dass ich zu Essen, zu Produkten, zu Lebensmitteln eine so schöne Beziehung haben werde, dass ich einmal erfahren werde, was purer Genuss ist, dann hätte ich das niemals geglaubt. Das wünsche ich einfach jedem von Herzen. Meine Gerichte sollen dir ein zufriedenes Lächeln auf die Lippen zaubern.

Zurück zu meiner Philosophie, die sich immer darum dreht, dass man sein Wohlbefinden durch Genuss steigern kann. Du entscheidest, mit wie viel Genuss du lebst und wie wohl du dich dabei fühlst. Lass dich ein auf deine Gerichte, erlaube dir einfach alles, vertrau auf deinen Körper. Denn am Ende weißt du genau, was du brauchst, um dich wohlzufühlen. Wir müssen wieder lernen, uns unseren Bedürfnissen entsprechend zu ernähren, auf unseren Körper zu vertrauen, auf ihn zu hören. Mein Ziel ist es, vorzuleben, wie Genuss glücklich machen kann. Ich möchte Essen als etwas sehr Schönes vermitteln. Vielleicht kann ich dadurch etwas bewegen. Für dich wünsche ich mir, dass du meine Rezepte mit Freude nachkochst, dass du Spaß in der Küche und mit deinem Thermomix® hast und du am Ende beim Probieren puren Genuss erlebst.

Natürlich darf der Thermomix® hier nicht unerwähnt bleiben, denn diese vielseitige Küchenmaschine spielt eine wichtige Rolle in meinem Leben und hat mich auch in den letzten Jahren stets begleitet. Erst durch seinen Einsatz, tagtäglich, vom Aufstehen bis zum Schlafengehen, konnte ich meine Leidenschaft des Selbermachens, des Kreierens richtig ausleben und es hat sich Wunderschönes entwickelt. Ich darf heute mit dir meine Rezepte und meine Erfahrungen teilen, meine eigens entwickelten Rezepte mit dem Thermomix®. Ich kann dir gar nicht beschreiben, was es für mich bedeutet, diese Zeilen für dich zu schreiben, all das mit dir zu teilen. Es macht mich stolz und glücklich!

Durch dieses Buch zieht sich meine Philosophie wie ein roter Faden, denn jedes meiner Gerichte habe ich mit Liebe und Leidenschaft für dich entwickelt, um dir viele genussvolle Momente zu schenken. Ich nehme dich in meine Genussküche mit und zeige dir damit, wie schön Kochen und Genießen sein können. Koche und backe mit Liebe und Leidenschat, teile es mit deinen Herzensmenschen, genieße und hab Spaß daran! Dein Körper und deine Seele werden es dir danken. Du trägst selbst am meisten zu deinem Wohlbefinden bei und das lässt sich einfach durch gutes Essen, durch geteilte Freude und Leidenschaft in der Küche stark beeinflussen. Also, worauf warten? **Einfach genießen!**

# So geht Thermomix®

Nachdem ich dir nun zu Beginn hoffentlich ein Bild schaffen konnte, das dir meine Beziehung zu Lebensmitteln und zum Genuss verdeutlicht hat, werde ich dir in diesem Kapitel zeigen, wie dir der Thermomix® deinen Kochalltag nun tatsächlich erleichtert. Denn ich habe ja bereits erzählt, was für eine wichtige Rolle diese Küchenmaschine in meinem Leben spielt.

Da du diese Zeilen gerade liest, gehe ich davon aus, dass der Thermomix® auch in dein Leben Einzug finden durfte oder bald darf. Herzlichen Glückwunsch zu diesem Zugewinn! Entweder bist du schon Profi an dem Küchengerät, ihr lernt euch gerade kennen, du bist auf der Suche nach etwas Abwechslung im Küchenalltag oder du lernst gern immer wieder dazu und probierst dich neu aus. Womöglich bist du aber auch noch ohne Thermomix und stehst vor der Entscheidung: ja oder nein? Was auch immer nun zutrifft, dieses Buch hält noch so einiges für dich bereit und du solltest unbedingt weiterlesen.

Hier findest du meine Playlist „Modi und Thermomix®“:

www.youtube.com/playlist?list=PLaL3rlEwOtTCaYUrSX3sjb_--PSUF2yOr

## Carpe diem! – Zeit- und Aufwandersparnis

Kennst du das Gefühl, dass der Tag wieder einmal zu wenige Stunden hat? Der Vormittag läuft dir davon und mittags soll eine vollwertige Mahlzeit auf dem Tisch stehen? Oder du kommst abends spät nach Hause, willst noch duschen, sollst aber auch irgendwie noch kochen und es soll auch noch gesund und ausgewogen sein? Nicht TK- oder Fertigware. Nicht schon wieder.

Ab und an ist es definitiv legitim, sich auch einmal Fast Food zu gönnen. Aber im Prinzip möchten wir doch alle frisch zubereitete Gerichte genießen. Unsere Lieben und uns selbst mit Geschmack und Genuss verwöhnen. Das alles noch trotz getaktetem und herausforderndem Alltag. Hier beginnt mein Part, dir zu zeigen, wie einfach du deine Zeit sparen kannst, indem du den Thermomix® für dich machen lässt.

Völlig egal welche Alltagssituation gerade eintritt, dein Thermomix® ist dein bester Freund in der Küche und du wirst jede Situation mit Bravour meistern. Die nächste Gartenparty steht an. Du sollst etwas fürs Schulbuffet vorbereiten. Die Ernte im Garten fiel heuer sehr gut aus und du musst vieles schnell verarbeiten. Dein Mann braucht einen Kuchen fürs Büro. Du möchtest dir dein Mittagessen fürs Büro selbst mitnehmen. All diese Herausforderungen und noch viele mehr kennt doch jeder. Mal mehr und mal weniger. Mit dem Thermomix® und seiner Rezeptvielfalt wirst du jede dieser Situationen ganz easy bewältigen. Dabei nimmt dir dein Helfer so viele Schritte im Kochprozess ab und du kannst deine Zeit währenddessen sinnvoll nutzen.

Du möchtest lieber mit deinen Kindern spielen, anstatt den Kochlöffel zu schwingen? Am Abend mal einfach die Füße hochlegen und trotz allem etwas Gesundes und Gutes essen? Ja, das alles ist möglich. Mit deinem Thermomix®. Lass dir doch unter die Arme greifen, indem du deine Küchenmaschine arbeiten lässt. Du musst sie nur voll nutzen – und das ist die Herausforderung. Doch du hast Glück, denn du hast mich und mein Buch an deiner Seite. Viele Tipps und vor allem tolle Rezepte, die dir viel Freude bereiten werden.

## Doch wo sparst du nun wirklich Zeit ein?

Beginnen wir mit dem Risotto. Es dauert doch einfach so lange, wie es nun mal dauert! Ja, aber es macht einen Unterschied, ob du am Herd stehst, ständig rührst und im Minutentakt Flüssigkeit nachgießt, oder du deinen Thermomix® mit den Zutaten fütterst, dein Risotto „hinstellst" und den Rest dein Küchenhelfer erledigt. Risotto ist für mich einer der absoluten Klassiker, wenn es um Zeitersparnis geht. Wir haben es uns kaum zubereitet, bevor ich meinen ersten TM5 hatte. Dieses Gebundensein an den Herd hat mich so gar nicht interessiert. Ich hatte tatsächlich Besseres zu tun. Somit kam es, dass es nur ganz selten, wenn überhaupt, zu Hause Risotto gab. Dabei ist es eine so vielfältige Speise, die man mit der richtigen Unterstützung einfach immer zubereiten kann; und auch immer wieder in einer anderen Variante. Sehr abwechslungsreich und vielfältig also.

Heute ist das ganz anders. Oft bereite ich das Risotto im Thermomix® zu, während ich die Kids vom Kindergarten abhole, und 15 Minuten später, wenn wir zurück sind, ist unser Essen fertig. Ob du dir dann auch Fleisch, Fisch oder Gemüse dazu garen möchtest, das macht keinen Unterschied, denn auch das übernimmt ganz einfach deine Küchenmaschine, indem du zusätzlich deinen Varoma als Dampfgaraufsatz nutzt. Sogar unser 15-Jähriger macht sich regelmäßig sein Risotto, wenn ihn der Hunger zwischendurch packt. Das wäre ohne Thermomix® undenkbar gewesen. Dabei ist es auch völlig egal, ob es ein Rezept von Cookidoo® ist, dem Rezeptportal, oder er ein manuelles Rezept von mir nachkocht. Er kann es – und du auch!

Nehmen wir ein anderes Beispiel. Nehmen wir ein anderes Beispiel, das Kartoffelpüree. Das Kartoffelpüree. Neben dem Risotto eines meiner ersten Wow-Gerichte mit dem Thermomix®. Wir lieben Püree, doch ich habe es immer gehasst, die Kartoffeln erst zu kochen, dann (heiß) zu schälen, durch die Presse zu jagen und dann noch cremig zu rühren. Ob es mir immer gelungen ist? Nein. Logische Schlussfolgerung: Kartoffelpüree gab es so gut wie nie. Wir haben uns sehr gefreut, wenn sich meine Mama aufgeopfert hat und es uns zuliebe zubereitet hat. Doch wie sieht das heute aus? Tatsächlich gibt es Kartoffelpüree dank Thermomix® so gut wie jede Woche. Denn noch einfacher geht es nicht. Ab mit den geschälten, rohen Kartoffeln in Scheiben, zusammen mit Milch und Salz, in den Mixtopf, 35 Minuten kochen, Butter und Muskat hinzugeben, vermischen und fertig. Ja, wirklich. Das war es dann auch schon. Keine heißen Kartoffeln mehr, keine Presse. Trotzdem ein perfektes Kartoffelpüree.

Du merkst, denke ich, spätestens jetzt, wo du nun Zeit gewinnst, oder? Ganz genau. Du gibst deinem Thermomix®, was er braucht, und dann hast du, im Falle des Pürees, einfach 35 Minuten Zeit für dich. Die kannst du sinnvoll nutzen. Du kommst zurück und dein Gericht ist einfach fertig. Also. Ein Gewinn von Zeit, das lässt sich nicht abstreiten. Jetzt habe ich dir nur Risotto und Kartoffelpüree als Beispiel genannt. Dir werden in diesem Buch so viele Rezepte unterkommen, bei denen du einfach mal Zeit hast, wofür auch immer. Jetzt musst du nur noch wissen, was du mit so viel Zeit anfängst. Doch da mache ich mir keine Sorgen, dir wird bestimmt etwas einfallen.

Neben der Zeitersparnis ist es mir ein Anliegen, darauf einzugehen, wie viele Arbeitsschritte dir dein Thermomix® abnimmt. Mir fällt bei meiner Arbeit am Kunden immer wieder auf, dass vielen gar nicht bewusst ist, was ihr neuer Freund in der Küche eigentlich so alles kann. Ich war tatsächlich bei einem Kundenkochen und die Dame hat den benötigten Käse vorab tatsächlich sehr liebevoll mit ihrer alten Reibe vorbereitet. Ja, das passiert mir so oft. Ich bin auch so froh, über jedes dieser Erlebnisse, denn ich darf so viele Menschen glücklich machen. Damit, ihnen zu zeigen, was sie nun nie wieder mühevoll selbst machen müssen. Lass es deinen Thermomix® tun, denn er kann es. Auch hier habe ich einen Klassiker für dich. Wie sehr liegt dir das Reiben von Schokolade, ganz banal mit einer Küchenreibe? Siehst du, worauf ich hinaus möchte?

Wer reibt schon gern Schokolade? Bevor du nur annähernd fertig bist, klebt mehr Schoko an deinen Fingern und an der Reibe, als auf dem Teller landet. Doch nicht genug. Gehen wir weiter. Du möchtest dann aus deiner mühevoll geriebenen Schokolade eine Glasur zubereiten. Dazu brauchst du ein Wasserbad, in dem du die Schokolade über Dampf schmilzt. Doch finde da einmal die richtige Temperatur. Wird sie zu heiß, ist die Glasur womöglich am Ende grau. Doch du kannst ja keine Temperatur einstellen. Zusätzlich hast du vieles abzuwaschen. Das soll Spaß machen? Freude beim Backen? Nein, da vergeht es den meisten. Also, ich kann verstehen, dass viele Menschen ohne Thermomix® nicht gern backen. Zumindest nicht so oft, wie sie es vielleicht gern machen würden, hätten sie die richtige Unterstützung. Du darfst dich zu den Glücklichen zählen, oder vielleicht schon bald.

Was, wenn man seine Schokolade einfach in groben Stücken in den Mixtopf gibt, ein paar Sekunden mit Power zerkleinert und von stückig bis pulvrig einfach alles möglich ist. In Sekundenschnelle. Ja, dieses Glück hast du mit deinem Thermomix®. Weiter geht es dann auch gleich, im selben Topf und ganz ohne Wasserbad. Gradgenaue Einstellung, egal ob weiße Kuvertüre bei max. 40 °C oder Zartbitter- bzw. Milchschokolade bei max. 45 °C. Du hast mit den Fähigkeiten deines Küchenhelfers immer alles im Griff. Es gelingt dir, einfach und unkompliziert. Ohne den Einsatz vieler Utensilien. Somit schließt sich am Ende auch hier wieder der Kreis, denn du sparst auch wieder viel Zeit, damit verbunden auch viele Nerven. Das kannst du mir glauben. Nun hoffe ich, dass du all das schon gewusst hast. Wenn nicht, dann freut es mich umso mehr, diese Zeilen für dich geschrieben zu haben. Du gehörst zu den Menschen, denen ich viel Arbeit erleichtern und Zeit ersparen darf. Nun sei gespannt, was dich noch so erwartet, denn das war erst der Anfang.

## How to thermomix® – Basics zur manuellen Nutzung

Nachdem wir nun gesehen haben, dass du dir mit deinem Thermomix® sehr viel Zeit und Aufwand sparen kannst, möchte ich auf das Thema „manuelles Kochen" eingehen. Früher oder später fragst du dich, wie du deinen Thermomix® auch ohne Cookidoo®, aber trotzdem mit all seinen Fähigkeiten nutzen kannst. Mein Kochbuch, welches du in Händen hältst, ist das beste Beispiel dafür. Du holst dir Inspiration von begeisterten Nutzern aus Büchern, Magazinen, dem Internet, weil du auch mal etwas fernab von der Rezeptwelt, also den vorgefertigten Rezepten, kochen möchtest. Du siehst auf Social Media, wie sich Menschen ausprobieren und welche tollen Rezepte dabei entstehen. Du möchtest diese nachkochen oder backen, doch dann stellen sich dir plötzlich Fragen wie: Was ist denn nun der Linkslauf, wo stellt man den ein? Was ist denn Varoma-Stufe? Bei welcher Stufe soll ich denn nun meinen Apfel zerkleinern, ohne Babybrei zu bekommen?

Keine Sorge, das ist ganz normal. Durch die gebotene Guided-Cooking-Funktion, die dir dein TM5 und TM6 bieten, brauchst du dich bei den Rezepten damit nicht auseinanderzusetzen, weil ja alles voreingestellt ist und du nur durchzuklicken brauchst. Das ist auch super, denn so kann einfach jeder kochen. Doch nach einer bestimmten Zeit mit deinem Thermomix® bist du, egal wo du gestartet hast, sattelfest. Es wird der Punkt kommen, an dem du dich einfach selbst ausprobieren möchtest. Das Brotrezept von der Oma wie früher nachmachen oder den köstlichen Likör, den du bei einer Freundin probiert hast. Das Rezept ist aber nicht auf Cookidoo®, denn deine Oma hat es mit der Hand niedergeschrieben. Deine Freundin hat einfach mal experimentiert und es ist ihr super gelungen. Nun ist es so weit. Willkommen in der manuellen Welt deines Thermomix®. Ich begleite dich mit der Erklärung einiger Begrifflichkeiten und Grundfunktionen, sodass du im Umgang mit deinem Küchenhelfer fit bist. So kannst beim nächsten Mal du einer Freundin ein großartiges Rezept weitergeben, welches durch deine Kreativität und deine Fähigkeiten am Thermomix® entstanden ist. Also, den nächsten Likör für Weihnachten empfiehlst dann du deinen Freunden. Mein Buch und ich, wir unterstützen dich dabei. Fangen wir gleich an.

## Die drei Hauptfunktionen – So hast du den Dreh raus

Auf deinem Startbildschirm hast du drei sogenannte Wählerkreise, die dir zur Verfügung stehen. Im Normalfall, wenn du die Guided-Cooking-Funktion nutzt, verwendest du diese nicht eigenständig. Das werden wir nun ändern.

Wir fangen links an: Dieser Kreis zeigt dir immer die Zeit an, bzw. stellst du hier ein, wie lange der Thermomix® einen Schritt ausführen soll. Als Beispiel nehme ich jetzt mal Nudeln kochen. Du orientierst dich an der Packung, auf der die Kochzeit deiner Pasta zu finden ist. Nehmen wir 6 Min. So gibst du Wasser und Salz in deinen Mixtopf, erwärmst es auf 100 °C und dann werden deine Nudeln zugegeben und (nach Packungsangabe) z. B. 6 Min. gekocht. Diese Zeit musst du deinem Gerät vorgeben und genau dafür ist der erste Wählerkreis vorhanden. Für alles, was mit der Dauer zu tun hat, brauchst du diesen.

Jetzt hast du dich womöglich schon gefragt, wie du denn das Wasser auf 100 °C erwärmst? Dazu brauchst du den mittleren bzw. zweiten Wählerkreis. Dieser ist für die Temperaturen zuständig, welche dein Thermomix® erreichen soll. Hier kannst du von 37 °C bis 120 °C und Varoma manuell alles einstellen. Wenn wir nun Wasser und Salz aufkochen möchten, brauchen wir 100 °C, damit es zu kochen beginnt. Somit stellst du ein, dass er 10 Min./100 °C ausführen soll. In der Mitte wird also die Temperatur von dir reguliert. Zum Wasserkochen gibt es auch einen passenden Modus „Wasser erhitzen“, schau dazu in das Kapitel „Modi – kurz & knapp“. Auch die Varoma-Stufe findest du noch genauer beschrieben (*Varoma vs. 100 °C – Was brauche ich wann*, S. 33).

Doch zu guter Letzt fehlt dir doch noch, was das Messer eigentlich machen soll. Dies wird über das rechte Rad gesteuert. Hier kontrollierst du die Stufen deiner Küchenmaschine, von der Sanftrührstufe, die dir durch einen Kochlöffel symbolisiert wird, bis hin zu Stufe 10, bei der er seine volle Kraft zeigt (bis zu 10.200 Umdrehungen/Min.). Im Modus Turbo erreicht er sogar 10.700 U/Min. (siehe Kapitel „Modi – kurz & knapp"). Anhand der Geschwindigkeitsstufen kannst du also deinen Thermomix® z.B. eine Soße wie mit einem Kochlöffel ständig rühren lassen, damit nichts anbrennt (Sanftrührstufe), oder du machst aus Getreidekörnern mal schnell frisches Vollkornmehl mit voller Power (Stufe 10).

*Tipp*

Wenn dein Thermomix® mit Temperatur arbeitet, dann funktioniert das nur bis max. Geschwindigkeitsstufe 6.5, denn ab da schaltet dein Thermomix®, aus Sicherheitsgründen, die Heizung aus.

## Sanftrührstufe bis Stufe 10 und Turbo – Auf den Punkt gebracht

Hier starten wir mit einer Tabelle, welcher du die Umdrehungen pro Minute deines TM6 und TM5 entnehmen kannst. Angefangen von der Sanftrührstufe bis hin zur Turbo-Stufe. Dafür habe ich mit meinem Ehemann mit einem Drehzahlmesser die ungefähren Umdrehungen für euch ermittelt.

| Stufe | Umdrehungen pro Minute |
|---|---|
| Sanftrührstufe | 40 |
| Stufe 0.5 | 70 |
| Stufe 1 | 100 |
| Stufe 2 | 200 |
| Stufe 3 | 500 |
| Stufe 4 | 1.100 |
| Stufe 5 | 2.000 |
| Stufe 6 | 3.100 |
| Stufe 7 | 4.400 |
| Stufe 8 | 5.800 |
| Stufe 9 | 7.600 |
| Stufe 10 | 10.200 |
| Turbo | 10.700 |

Natürlich bekommst du noch einen Überblick von mir zu den einzelnen Stufen. Wofür sind sie gut geeignet, wobei unterstützt dich die jeweilige Stufe und was kann dein Thermomix® dadurch alles für dich erledigen.

## Sanftrührstufe bis Stufe 2

Mit diesen langsameren Stufen nimmt dir dein Thermomix® die häufigste Aufgabe in der Küche ab: am Herd stehen und ständig dein Gericht rühren, damit sich nichts anlegt oder sogar anbrennt. Manche Gerichte wie das Risotto sind sogar vom Rühren abhängig. Schön, dass dies nun deine Küchenmaschine für dich übernimmt und du so deine Hände frei hast für Wichtigeres. Deine Gerichte gelingen dir so perfekt auf den Punkt, ohne dass du dabeistehen musst. Wenn du empfindliche Zutaten verkochst, z. B. Reis bei Risotto, Nudeln, Haferflocken für den Porridge etc., verwendest du zusätzlich den Linkslauf. Damit sorgst du dafür, dass deine Zutaten im Kochprozess nicht zerkleinert bzw. beschädigt werden. So rührt dein Thermomix® für dich beispielsweise ganz sanft die Bolognese-Soße, das Gulasch, ein Fischcurry u. v. m.

## Stufen 2 und 3

Diese Stufen nutzt du zum langsamen Mixen bzw. Zerkleinern von weichen Zutaten, z. B. Kräuter, frische Pilze, Bananen, Feta usw., sowie zum vorsichtigen Rühren. Mit diesen Stufen schlägst du, zusammen mit deinem Rühraufsatz, auch deine Sahne steif oder machst Eischnee für die nächste Torte.

## Stufen 4 bis 6

Es dauert nur wenige Sekunden mit diesen Stufen, deine Zutaten perfekt zu zerkleinern, um sie dann auch gleich für dein Gericht weiterzuverwenden. Zutaten wie Zwiebel, Knoblauch, Obst, Gemüse, Nüsse, Fleisch, Kräuter, Kartoffeln, Käse u. v. m. sind im Nu perfekt geschnitten oder gehackt, ohne dass du dir die Finger schmutzig machen musst.

Klingt das nicht einfach zu schön, um wahr zu sein? Eine Zwiebel in nur 3 Sekunden perfekt zerkleinert auf Stufe 5. Es funktioniert wirklich und du sparst dir die Arbeit.

Ob vermischen, emulgieren oder grob zerkleinern, all das und noch viel mehr kannst du mit diesen Stufen machen. Ob du nun deine Eier damit schaumig rührst, schnell einen Teig oder Aufstrich mixt, deine Mayonnaise zubereitest oder erst deinen Apfel zerkleinerst, um ihn dann mit Haferflocken und Joghurt für dein Frühstück zu vermischen. All das findet bei diesem Tempo statt. So gehst du sicher, dass am Ende alles noch die richtige Konsistenz hat.

### *Mein Tipp*

Taste dich beim manuellen Zerkleinern deiner Zutaten immer langsam heran. Stelle lieber erst ein paar Sekunden weniger ein und vielleicht noch eine niedrigere Stufe, wenn du dir unsicher bist. So kommst du am Ende zum perfekten Ergebnis und vermeidest einen möglichen Brei in deinem Mixtopf. Verwende auch deinen Linkslauf für empfindlichere Zutaten wie z. B. Haferflocken (siehe weiter unten Linkslauf – was kann er & wo ist der nun zu finden). Nutze das Tool „Zerkleinern", welches du bei deinen Modi findest (siehe Kapitel „Modi – kurz & knapp"), wenn du dir noch nicht ganz sicher bist.

## Stufen 7 bis 10

Hier geht es voll ab: Pürieren, starkes Mixen, Pulverisieren, Mahlen. Egal ob du dir dein Vollkornmehl selbst aus den Körnern herstellst, deinen eigenen Puderzucker zubereitest, deinen Smoothie oder deine Suppe cremig mixt oder den Babybrei individuell pürierst. Hier bist du richtig, denn mit diesen Stufen erzielst du immer die gewünschte und vor allem perfekte Konsistenz für deine Gerichte. Du musst nie mehr geriebene Nüsse oder Vollkornmehl kaufen. Auch Staubzucker machst du dir ganz einfach selbst, vielleicht sogar noch deine eigene Zuckerkreation: Himbeer-, Vanille-, Orangen- oder Zitronenzucker. Probiere dich mit deinen eigenen Salzen: Kräuter-, Bärlauch, Zitronen- oder Rote-Bete-Salz. Du möchtest dein eigenes Brotgewürz nach deinem Geschmack? Dann mixe es dir ganz einfach und schnell. Du wirst merken, wie viel Freude dir diese Stufen bringen, welche Experimente du damit starten kannst. Trau dich einfach!

WICHTIG: Steigere die Stufe bei heißen Gerichten Schritt für Schritt, wenn du beispielsweise eine Suppe pürieren möchtest, starte bei Stufe 6 und erhöhe dann Stufe für Stufe (siehe auch Modus Pürieren im Kapitel „Modi – kurz & knapp").

## Turbo

siehe Kapitel „Modi – kurz & knapp"

## Linkslauf – Was kann er & wo ist der nun zu finden

Wie schon erwähnt, ist der Linkslauf für das Gelingen einiger deiner Gerichte essenziell. Daher solltest du nicht nur wissen, wie er dich unterstützt, sondern auch unbedingt, wo du ihn überhaupt findest.

Dein Linkslauf hat eine sehr wichtige Funktion, nämlich die, dein Gargut davor zu bewahren, dass es als Brei in deinem Mixtopf endet. Es ist wichtig, dass sich dein Mixtopfmesser bei manchen Lebensmitteln im Linkslauf dreht, also mit den nicht scharfen Seiten der vier Messerklingen. So wird vermieden, dass deine Zutaten beschädigt oder zu sehr zerkleinert werden. Beispiele dafür sind: Hackfleisch, Risottoreis, Haferflocken und Nudeln. Das ist auch wichtig, wenn du eine Suppe machst, z.B. Minestrone, bei der Stücke erhalten bleiben sollen. Dasselbe gilt für deine Eintöpfe, denn dein Gemüse, deine Wurst etc. sollen in Stücken bleiben und nicht beschädigt oder gar zerkleinert werden.

Der Linkslauf bei niedrigen Stufen sorgt dafür, dass dein Gargut so bleibt, wie du es in den Mixtopf zugegeben hast. Beispiele sind Milchreis, Eintöpfe, Porridge oder One-Pot-Gerichte.

Linkslauf bei höheren Stufen nutzt du zum groben Zerkleinern von Zutaten bzw. zum Vermischen. Beispiel dafür wäre das Vermischen von Hackfleisch mit den restlichen Zutaten für die Fleischlaibchen oder die Masse für die nächsten Klöße, z.B. Brezenknödel, Semmelknödel, Spinatknödel oder Kartoffelklöße.

Bei *„Die drei Hauptfunktionen – so hast du den Dreh raus"* (S. 29) gebe ich einen Überblick über die Wählerkreise. Wenn du nun den dritten, bzw. den ganz rechts, anwählst, findest du unter der Stelle, an der die Stufe angezeigt wird, ein Symbol, das dein Mixmesser darstellt. Tippe das Mixmesser-Symbol einmal an und du wirst sehen, es verändert sich in einen Pfeil, welcher eine Linksdrehung andeutet [↶]. Wenn du dieses Symbol siehst, dann ist der Linkslauf aktiviert und dein Messer dreht sich gegen den Uhrzeigersinn, also mit der unscharfen Seite der Klingen. Tippe erneut auf das Symbol und du wirst sehen, dass es sich wieder zum Mixmesser verändert. So dreht sich dein Messer wieder mit den scharfen Klingen, also im Uhrzeigersinn.

## Varoma vs. 100 °C – Was brauche ich wann

Ein für mich wichtiger Punkt ist es, dir zu erklären, wo eigentlich der Unterschied zwischen 100 °C und Varoma bei deinem Thermomix® liegt. Immer wieder sorgt es für Verwirrung, wenn man den Varoma verwendet und etwas dämpfen möchte. Denn bei 100 °C wird das Gargut im Varoma-Behälter sowie am Einlegeboden nicht durch, bei der Temperatureinstellung Varoma jedoch schon. Doch woran liegt das?

Varoma erzeugt ebenso eine Temperatur von 100 °C, wie es auch bei „100 °C" der Fall ist. Der einzige, aber ausschlaggebende Unterschied ist, dass dein Thermomix® bei der Einstellung von 100 °C diese 100 °C nicht dauerhaft hält. Hier erhitzt er die Flüssigkeit auf 100 °C und sobald diese erreicht ist, hört er auf zu heizen. Nach und nach sinkt die Temperatur dann im Mixtopf wieder langsam unter 100 °C und erst dann fängt er wieder an, erneut auf 100 °C zu heizen. Somit entsteht kein Dampf, weil keine konstante Temperatur von 100 °C besteht. Wie wir wissen, kocht z.B. Wasser aber erst ab 100 °C, somit dampft es auch nur bei gleichbleibenden 100 °C.

Genau dafür gibt es die Varoma-Stufe. Sobald du nun deinen Thermomix® auf die Temperaturstufe Varoma einstellst, sagst du ihm damit, dass du Dampf brauchst. Er hält also konstant die 100 °C. Erst durch die durchgehende Temperatur von 100 °C entsteht nun in deinem Varoma Dampf und dein Gargut wird auch durch. Das heißt für dich jetzt einfach: *Immer* wenn du deinen Varoma-Behälter benutzt, mit oder ohne Einlegeboden, musst du bei der Temperatur Varoma auswählen, damit deine Lebensmittel im Varoma-Behälter sowie auf dem Einlegeboden auch gar werden.

Sehr wichtig für das gewünschte Ergebnis beim Varomakochen ist auch, dass du immer sicherstellst, dass genug Dampfschlitze frei sind. Sieh dir dazu mal den Varoma-Behälter und den Einlegeboden an. Dort findest du unten, bzw. beim Einlegeboden auch seitlich, diese Schlitze. Sind diese zu sehr verschlossen, kann kein Dampf durchdringen.

## *Tipp*

Benutze deinen Rühraufsatz, lege ihn zuerst in den Varoma-Behälter und gib erst dann z. B. dein Gemüse dazu. So sorgst du für den benötigten Freiraum unter deinem Gemüse. Auf diese Weise kann der Dampf das Gemüse ungehindert durchdringen. Auch bei Wundermix findest du dazu ein passendes Zubehör, das durch einen Kamineffekt für die optimale Dampfverteilung in deinem Varoma sorgt.

www.wundersteam.de

## Einfach Thermomix® – Was du dir alles sparst

Du konntest dir jetzt einen Überblick zu den Basics beim manuellen Kochen mit deinem Thermomix® verschaffen. Ich habe dir gezeigt, wie du dein Gerät ohne Guided-Cooking bedienst und habe dir wichtige Details dazu mit auf den Weg gegeben. Nun können wir weitergehen zu einem ebenfalls sehr interessanten Thema: Weißt du eigentlich, auf was du in Zukunft alles verzichten kannst in deiner Küche aufgrund der Fähigkeiten deines Thermomix®? Kennst du all seine Fähigkeiten schon? Sei gespannt, was da alles auf dich zukommt.

Hast du dich schon einmal damit auseinandergesetzt, was dein Thermomix® alles kann und welche Geräte du dir dadurch in Zukunft sparst? Nein? Dann wird es Zeit, denn du wirst staunen.

Dein TM6 zerkleinert dir Lebensmittel auf verschiedene Arten. Er kann mixen, mahlen/pulverisieren und pürieren. Beim Verrühren reicht sein Können vom langsamen Kneten über herkömmliches Vermischen der Zutaten bis hin zum Schlagen von z. B. Eischnee. Sogar Emulgieren zählt zu seinen Fähigkeiten. Neben den wohlbekannten Koch- und Dampffunktionen hält der TM6 aber noch weit mehr bereit: Ob Eierkochen, kontrolliertes Erhitzen, Eindicken, Sous-vide-Garen, Slow Cooking, Fermentieren, Wiegen, den Mixtopf vorspülen, Reiskochen oder einfach nur erwärmen – dein TM6 beherrscht alles davon!

Mit der Guided-Cooking-Funktion kann er sogar noch anbraten und karamellisieren. Du siehst also: Die Möglichkeiten sind nahezu unendlich. Doch welche Küchengeräte und -utensilien sparst du dir denn nun konkret, wenn du einen Thermomix® in deiner Küche stehen hast?

Es fängt damit an, dass du keine Waage mehr brauchst, denn er wiegt für dich, auch im manuellen Betrieb. Auch auf einen Mixer kannst du getrost verzichten. Setze stattdessen den Rühraufsatz in den Mixtopf ein und schon schlägst du Sahne steif, rührst den nächsten Kuchenteig oder vermischst den Belag für deinen Flammkuchen.

Kochlöffel, Messer, Reibe für Nüsse, Käse oder Schokolade, Pfannen und Töpfe wirst du kaum bzw. gar nicht mehr benutzen, denn dafür hast du jetzt deinen neuen Freund und Helfer in der Küche. Er hackt oder mahlt dir alles, was du möchtest. Getreidekörner zu Vollkornmehl, harte Brötchen zu Brösel oder Zucker zu Staubzucker. Schneide auch Zwiebel, Knoblauch, Kräuter, Gemüse u. v. m. klein und dünste es auch gleich im Topf an. Lass deinen Thermomix® das Rühren und Kochen übernehmen. Nichts brennt mehr an und du hast auch noch die Hände frei.

Ob Eierkocher, Joghurtmaschine, Küchenmaschine mit Aufsätzen zum Reiben, Kneten, Rühren usw., ein teures Sous-vide-Gerät, Dampfgarer, Getreidemühle, Reiskocher oder Slow Cooker – all diese Geräte brauchst du in deiner Küche entweder nur noch ganz selten oder eben auch gar nicht mehr, weil du einfach deinen Thermomix® einsetzt. Deinen Küchen-Allrounder. Solltest du gerade deine neue Küche planen und du weißt jetzt schon, du wirst dir einen TM6 zulegen, kannst du dir gleich von Beginn an viel Geld für Küchenutensilien und Küchengeräte sparen, aber auch den Platz in deiner Küche für Wichtigeres nutzen. Denn du wirst mit deinem Thermomix® vieles nicht (mehr) benötigen. Mit dem richtigen Zubehör von Wundermix kannst du dir auch einen Teekocher sparen und so immer deine frisch aufgebrühten Tees in größeren Mengen zubereiten. Filterkaffee geht ebenso mit deinem Thermomix®. Du siehst schon, ich habe dir nicht zu viel versprochen.

## Dein Thermomix® als Teekocher

www.filtix.de

## Einfach zum perfekten Kaffeegenuss

www.wunderbrew.de

Da du nun weißt, was dein TM6 alles kann, sei dir stets seiner Vielseitigkeit bewusst, nutze ihn und spare dir nicht nur Zeit, sondern viel Arbeit. Solltest du noch einiges nutzlos zu Hause rumstehen haben, trau dich und trenne dich davon. Verkaufe es oder mach jemandem eine Freude damit. Solltest du nun wissen wollen, wie du all diese Fähigkeiten für dich nutzen kannst, dann lies einfach weiter. Im Kapitel „Thermomix®-Modi – kurz & knapp" wird dir vieles klarer werden und in meinen Rezepten findest du dann auch gleich die praktische Anwendung.

Neben den Geräten, die dir dein Thermomix® ersetzt, sparst du dir auch viel an Sauerei in deiner Küche, egal ob beim Kochen oder Backen. Allein den Einsatz eines Pürierstabes habe ich persönlich immer gehasst. Meist ist das Ergebnis nicht fein genug, aber noch schlimmer, du musst immer aufpassen, dass nicht auch noch alles angespritzt wird. Das Reiben von Käse und Schokolade ist auch so eine Sache, denn wer macht das schon gern und vor allem, wer hat dazu eine einfache Lösung? Kaum jemand. Obendrein, denk mal an die ganze Arbeit beim Abwaschen, die du dir sparst. Du benutzt statt dem Pürierstab einfach gleich deinen Thermomix®-Mixtopf weiter, den du ja auch schon gerade zum Zerkleinern, Andünsten, Vermischen, Kochen und Rühren für deine Suppe verwendet hast. Es geht also gleich alles in einem und am Ende hast du nur deinen Mixtopf, der sich mit dem Vorspülmodus auch noch selbst reinigt. Was will man mehr? Dazu bist du in der Zeit, während er all das für dich erledigt, auch nicht ständig dabeigestanden. Nein, du hast deine Zeit sinnvoller genutzt. Nun haben wir am Ende nicht nur Utensilien, Sauerei und Zeit gespart, sondern im Gesamten einfach sehr viel Aufwand, was schlussendlich zu weniger Stress in deinem Küchenalltag führt. Nun, wenn das keine Vorteile sind, dann weiß ich auch nicht mehr. Was sagst du dazu?

## Thermomix®-Modi – kurz & knapp

Last but not least, gehören zu „So geht Thermomix®" noch unbedingt die Modi und somit die einzelnen Fähigkeiten deines TM6. Nicht nur im Guided Cooking sind diese eingebaut, sondern du kannst sie ganz einfach beim manuellen Kochen nutzen. Kurz gesagt ist ein Modus eine voreingestellte Funktion, z. B. Eier kochen, Slow Cooking oder Eindicken, welche dir das Leben in der Küche noch leichter macht. Neben Kochfunktionen sind auch ein paar Helfer mit dabei, z. B. Vorspülen, Zerkleinern oder die Waage, welche dir noch zusätzlich Arbeit abnehmen oder dir einzelne Schritte beim manuellen Kochen mit deinem Thermomix® vereinfachen. Starte deinen Modus und lass dich begeistern!

Ich werde mich auf die TM6-Modi beschränken, die du manuell, also ganz ohne Guided Cooking, Cookidoo®-Rezept oder spezielles Zubehör nutzen kannst. Karamellisieren und Anbraten stehen dir nämlich manuell nicht zur Verfügung, während du die

Modi Peeler, Reiben, Schneiden und Thermomix®-Sensor nur in Verbindung mit einem Extrazubehör verwenden kannst.

Ordne gern deine Modi nach deinem Geschmack an oder entferne für dich irrelevante Modi von deinem Display. Wie das funktioniert, findest du u. a. in diesem Video:

https://www.youtube.com/watch?v=LCje8hV9Trl

## Waage (TM6, TM5, TM31)

Beginnen möchte ich mit einem Modus, der, wie ich finde, den Thermomix® ausmacht. Auch wenn die Waage als Funktion banal erscheint, ist es der Modus, der meine Kunden am meisten begeistert. Warum? Du schaltest einfach deinen Thermomix® ein, entscheidest dich für ein Rezept und legst direkt mit dem Einwiegen in den Mixtopf los. Keine Extrawaage mehr, keine angepatzten Schüsseln, in die du deine Zutaten vorab einwiegen musst. All das sparst du dir. Einfach Zutat in den Topf wiegen, weitere Zutaten dazu und schon geht es weiter. Du kannst den Thermomix® natürlich auch nur als Waage nutzen und ihm dafür eine Schüssel auf den Mixtopfdeckel stellen und bis zu dem Maximalgewicht von 6 Kilogramm im TM6 in 1-g-Schritten (beim TM5/TM31 in 5-g-Schritten) wiegen.

*Tipp*

Achte immer darauf, dass du die Tara-Taste drückst, bevor du eine neue Zutat einwiegst, damit du das Wiegen auch wirklich bei 0 g startest. Ansonsten kann das Ergebnis ungenügend sein, wenn du z. B. vor dem Wiegen den Mixtopfdeckel abgenommen hast, und deine Waage nicht bei 0 g zu wiegen beginnt. Also erst TARA drücken, dann Zutat einwiegen!

## Teig kneten (TM6, TM5, TM31)

Mit diesem Modus gelingen dir die perfekten Teige, egal ob süßer Hefe-, Pizza-, Mürb-, Brot- oder Plätzchenteig. Deine Möglichkeiten mit dem Thermomix® sind so gut wie grenzenlos. Ob du für das Sonntagsfrühstück einen Hefezopf oder frische Brötchen planst, Pizza für den nächsten Kindergeburtstag ansteht, du gern dein Lieblingsbrot von Oma nachbacken möchtest oder einen Plätzchenteig brauchst. Mit deinem Küchen-Allrounder ist alles möglich, einfach und unkompliziert. Nutze den genialen Teigmodus, welcher dir im Nu einen geschmeidigen Teig bereitet, egal ob süß oder pikant.

Das Kneten von Hand kann sehr mühsam sein, also lass doch die Arbeit ab jetzt deinen Thermomix® übernehmen, denn mit seiner Power schafft er jeden Teig, dabei empfehle ich Teige mit einer Mehlmenge von max. 800 g. Auch wenn 1 kg möglich wäre, finde ich, dass dies nicht ideal ist. Beim Kneten arbeitet dein Thermomix® in Intervallen. Das Mixmesser dreht sich abwechselnd rechts- und linksherum. Dies imitiert das Kneten eines Bäckers. Der Modus orientiert sich auch an den Bäckermaschinen, die auf die Zubereitung von Teigen spezialisiert sind. Das Ergebnis: luftige Teige mit perfekter Konsistenz, die sich super weiterverarbeiten lassen. Kein Ärgern und kein Kraftakt in deiner Küche mehr, wenn es ums Kneten geht.

Zusätzlich lassen sich auch z.B. Klöße bzw. sämtliche Knödelmassen, Gemüsepuffer bzw. Laibchen jeder Art, Fleischpflanzerl bzw. Hackbällchen u. v. m. perfekt mit dem Knet-Modus zubereiten, indem die Zutaten dafür, ohne zerstört zu werden, zu einer homogenen, gleichmäßigen Masse vermischt werden. Sanft vermischst du dir deine Masse und brauchst nicht mehr mit den Händen zu arbeiten. Auch Aufstriche, Cremes oder Salate lassen sich einfach mit dem Teigmodus vermischen, ohne dass die Zutaten darunter leiden. Du siehst schon, nur Vorteile für dich. Du musst deine Chance nur nutzen!

*Tipp*

Der Teigmodus kann nur genutzt werden, wenn die Ist-Temperatur in deinem Mixtopf unter 60 °C liegt. Sollte diese höher sein, dann lass den Inhalt einfach abkühlen und lege dann los. Die Ist-Temperatur deines Mixtopfes entnimmst du dem mittleren Wählerkreis auf deinem Hauptdisplay. Dort wird dir immer als kleine Zahl im oberen Drittel die aktuelle Temperatur angezeigt. Achte einmal darauf, das fällt vielen lange oder gar nicht auf!

## Turbo (TM6, TM5)

Der Turbo-Modus bzw. die Turbo-Stufe unterscheidet sich von der höchsten Stufe 10 eindeutig. Bei Turbo beschleunigt dein Thermomix® von 0 auf 100 % (ca. 10.700 Umdrehungen pro Minute) in nur 0,5 bis 2 Sekunden, zwischen denen du wählen kannst, während die Stufe 10 etwas langsamer bis zu 10.200 U/Min. erreicht. Doch wofür verwende ich diesen Modus? Was mache ich mit der Turbo-Stufe? Fragst du dich das ab und zu? Auch darauf habe ich natürliche eine Antwort für dich! Für mich ist dieser Modus in vielerlei Hinsicht sehr interessant. Angenommen, du möchtest

- Nüsse, Kaffeebohnen, Schokolade, Kräuter, Käse, rohes Gemüse usw. nicht fein zerkleinern bzw. mahlen, stattdessen nur hacken;
- Getreidekörner, Leinsamen, Haferflocken etc. schroten, anstatt zu Mehl zu verarbeiten.

Dafür nutzt du deinen Turbo. Je grober das Ergebnis sein soll und je weicher die Zutaten, desto kürzer stellst du die Zeit ein. Doch wofür ich die Turbo-Fähigkeit vom Thermomix® am häufigsten verwende, ist tatsächlich etwas ganz anderes. Ich schleudere mir durch die entstehende Zentrifugalkraft (Fliehkraft) bei Aufstrichen, Cremen, Teigen usw. den Großteil vom nach dem Ausputzen noch am Mixmesser hängenden Rest an den Mixtopfrand. Dies erleichtert mir das Entnehmen enorm und ich spare mir einen Haufen Ärger dadurch. Selbst bei klebrigeren Roggenteigen funktioniert das einwandfrei! Schon probiert? Es wird auf jeden Fall Zeit! Einen passenden Tipp zu der Turbo-Stufe findest du auch bei „Wertvolle und hilfreiche Tipps & Tricks".

## Vorspülen (TM6, TM5)

Der Modus Vorspülen wird von mir auch liebevoll als eingebauter Geschirrspüler des Thermomix® bezeichnet. Wenn ich das meinen Kunden erkläre, dann werden die Augen immer sehr groß. Denn dein Thermomix® spart dir nicht nur viel Zeit und Aufwand beim Kochen oder Backen, nein, er erleichtert dir auch noch die Reinigung. Durch den Einsatz vom Vorspülprogramm ist dein Mixtopf im Nu wieder grundgereinigt und nach wenigen Handgriffen auch schon wieder für den nächsten Einsatz bereit.

Du kannst aktuell zwischen 5 Programmen wählen:

- Kurz: Wird bei kleineren Verschmutzungen verwendet, um den Mixtopf schnell und vor allem kurz einmal durchzuwaschen, z. B. nach einem Aufstrich.
- Teig: Bestens geeignet zur Reinigung nach dem Zubereiten von Teigen, vor allem auch bei klebrigeren Brotteigen, z. B. Roggenbrot. Hier wird mit niedriger Temperatur gewaschen.
- Basis: Empfohlen nach Hauptgerichten wie Eintopf, Curry, Suppe, One-Pot-Gerichten u.v.m. Hier ist der Mixtopf meist schon etwas verschmutzter und es bedarf einer gründlicheren Reinigung. Der Mixtopf wird warm gewaschen und es werden auch Stärke und Speisereste von Reis, Nudeln etc. entfernt.
- Fett und Karamell: Eignet sich perfekt zur Reinigung, wenn fettig gearbeitet wurde, z. B. nach der Zubereitung von Schokoladenglasur, steifer Sahne, Käsesoße, bzw. wenn Karamell gemacht wurde. Reinigt sehr gründlich und vor allem heiß.

Für die ersten 4 Programme werden jeweils ca. 600 g Wasser in den Mixtopf gegeben, sodass das Mixmesser bedeckt ist. Es wird ein Tropfen Spülmittel dazugegeben und das gewünschte Programm aktiviert. Den Rest erledigt der Thermomix®.

Bei dem fünften Programm läuft das minimal anders, denn bei

- Reinigung+ darf auf keinen Fall Spülmittel verwendet werden, ansonsten gibt es eine unerwünschte Schaumparty in der Küche. Dieses Programm wird zwar ebenfalls mit ca. 600 g Wasser angewandt, es wird jedoch entweder 1 TL Essig oder Geschirrspülpulver (z. B. Claro) hinzugefügt. Verwendet wird es bei eingebrannten oder hartnäckigen Belägen auf dem Mixtopfboden, die schon mal beim Kochen entstehen können, z. B. bei Risotto. Auch wenn du deinen Mixtopf wieder zum Strahlen bringen möchtest, kann ich dir Reinigung+ nur wärmstens empfehlen.

**WICHTIG** Beim Modus Vorspülen muss immer der Messbecher in den Mixtopfdeckel eingesetzt werden!

## Zerkleinern (TM6)

Dieser Modus ist eigentlich eher ein „Tool", also ein Werkzeug, das dir als TM6-Nutzer in die Hand gegeben wird, damit du dir bei deinen ersten Schritten in der Welt des manuellen Kochens leichter tust. Es werden dir einfache Kategorien wie Obst, Gemüse, Schokolade, Fleisch, Nüsse, Käse u. v. m. vorgeschlagen, aus denen du nun wählen kannst, was du zerkleinern möchtest. Dabei gibst du deinem TM6 nur die Information, wie viel Gramm du wie fein oder grob zerkleinern möchtest. Dementsprechend kommt ein Vorschlag für dich, wie lange und auf welcher Stufe du den TM6 einstellen sollst, um dein Ziel zu erreichen (z. B. 8 Sek./Stufe 7). Jetzt musst du nur noch den Wähler auf Stufe 7 stellen. Schon hast du das perfekte Ergebnis. Da dieses Tool auf Rezepten von Cookidoo® basiert, ist hierfür jedoch das Abo Voraussetzung, damit du von diesem Vorteil profitieren kannst. So unterscheidet es sich von den anderen hier beschriebenen Modi, welche dir immer voll zur Verfügung stehen.

## Reis kochen (TM6)

Nichts ist einfacher, als Reis zu kochen, mag so manch einer denken. Doch man glaubt es kaum, wie vielen es tatsächlich missglückt, guten Reis auf den Tisch zu bringen. Mit dem Modus „Reis kochen" kann nichts mehr schiefgehen. Dein TM6 informiert dich darüber (i), wie viel Reis und wie viel Wasser er benötigt, um das perfekte Ergebnis zu erzielen. Von 150 g bis 500 g Reis ist alles möglich. Aber es funktioniert nicht nur mit Reis, sondern du hast die Qual der Wahl. Neben Reis kannst du auch andere Getreide wie Quinoa, Dinkelkörner, Hirse oder Bulgur ganz einfach und direkt im Mixtopf kochen. Du wirst von den Ergebnissen begeistert sein, denn egal was du machst, es ist auf den Punkt genau gegart. Das liegt daran, dass der Reis in diesem Modus mit der Quellmethode gegart wird. Das ist nicht nur besonders schonend, sondern bei dieser Methode wird die gesamte Wassermenge vom Getreide aufgenommen. Somit bleiben viele Nährstoffe erhalten, die man beim Kochen in der doppelten Menge Wasser einfach beim Abseihen in den Abfluss schüttet. Obendrein ist das Ergebnis einfach sehr gut, denn dein Gargut ist auf den Punkt gegart, aber niemals matschig.

## Eier kochen (TM6)

Das perfekte Frühstücksei aus deinem Thermomix®? Ja, genau, auch Eier bringst du mit deinem TM6 auf den von dir gewünschten Punkt. Egal ob sehr weich, weich, halbweich, fest oder hart. Du hast freie Wahl, denn bis zu 6 Eier kannst du in deinem Thermomix® TM6 gleichzeitig perfekt kochen. Auch in diesem Modus ist alles für dich voreingestellt. Du musst lediglich bis zu 6 Eier – ideal Größe M und direkt aus dem Kühlschrank – in den Mixtopf zwischen die Messerklingen legen, Wasser bis zur 1-Liter-Markierung zugeben (siehe *i*) und die von dir gewünschte Garstufe wählen. Schon legt dein TM6 los und nach kurzer Zeit sind deine Eier perfekt. Noch unter kaltem Wasser abschrecken und schon kannst du dein Ei genießen. Ob als weiches Ei zum Frühstück, halbweich auf deinen Toast oder hart gekocht für den Eiersalat. Du hast nun freie Auswahl und da alles für dich vorprogrammiert ist, musst du dafür nicht wissen, was dein Thermomix® wie lange bei welcher Temperatur machen muss. Das weiß er allein und du brauchst auch nicht danebenzustehen, sondern kommst einfach, wenn er dich ruft. Wenn das kein Service ist! Eierkochen war noch nie einfacher.

## Eindicken im TM6

Ein sehr beliebter Modus bei uns ist das Eindicken. Leider wissen jedoch zu wenige, wofür dieser Modus gut sein soll. Das soll sich rapide ändern, denn dieser Modus ist ein echter Mehrwert für dein Kocherlebnis. Wenn du jetzt mal an Vanillepudding, Béchamelsoße, Vanillesoße usw. denkst, dann weißt du, dass ohne Thermomix® deine Anwesenheit und Aufmerksamkeit am Herd unabdingbar sind, damit nichts anbrennt oder überkocht – und gerührt werden muss natürlich auch. Mit deinem TM6 und dem Modus Eindicken ist das jedoch Geschichte. Ab mit den benötigten Zutaten in den Mixtopf, Modus auswählen, aktivieren und nur noch warten. Dein Thermomix® ermittelt die genaue Zeit, die er benötigt, um dir das perfekte Ergebnis zu zaubern. Du kannst hier wählen zwischen Eindicken mit Eiern, Mehl oder Speisestärke. Je nachdem stellst du dann ein, ob du den Modus mit 80 °C (Eier) oder 100 °C (Mehl und Speisestärke) ausführen möchtest (siehe *i*). Klingt das nicht einfach? Ist es auch! Du musst nur wissen, was du mit deiner Zeit machst, während dein Thermomix® für dich arbeitet, denn auch das Rühren fällt natürlich für dich weg. Du kannst ganz einfach auf deinen Küchenfreund vertrauen. Am Ende ist deine Soße, dein Pudding etc. fertig und du musstest nichts dafür tun. Natürlich kannst du auch deine Soßen für Hauptgerichte, z.B. eine Rahmsoße,, damit eindicken. Dafür bereitest du die Soße zu wie immer. Wenn es so weit ist, dass sie angedickt werden muss, steigst du in deinen Modus ein und machst ihn dir zunutze.

**WICHTIG** Wenn du Fleisch, Fisch, Gemüse usw. in deiner Soße hast, würde ich dir den Modus nicht empfehlen, denn die Stücke werden sonst zu sehr zerkleinert. Du kannst sie einfach vorab entfernen, oder diese auch erst nach dem Eindicken der Soße zugeben.

## Erwärmen (TM6)

Du hast vom gestrigen Abendessen noch etwas Suppe, Soße oder Eintopf übrig; du möchtest den vorbereiteten Brei für dein Baby auf die richtige Esstemperatur bringen; ihr esst nicht alle zur selben Zeit und du musst dein Gericht noch einmal erwärmen oder dir kocht ständig die Milch über beim Aufkochen? Dann nutze dafür ganz einfach deinen TM6 mit dem Modus Erwärmen. Am besten funktioniert das Ganze, wenn dein Gericht viel Flüssigkeit beinhaltet, und in Kombination mit deinem Rühraufsatz. Du wählst dann eine Zieltemperatur zwischen 37 °C und 90 °C und zwischen Sanftrührstufe, Stufe 1 und Stufe 2. Wenn du Gerichte mit weniger Flüssigkeit erwärmen möchtest, ist es wichtig, dass du eine schnellere Stufe wählst und auch etwas zusätzliche Flüssigkeit zugibst. Orientiere dich dazu an den Informationen auf deinem TM6 (siehe i). Was das Beste daran ist? Du erwärmst deine Speisen ganz gezielt und kontrolliert, sparst dir dabei auch noch das Umfüllen in einen Topf zum späteren Erwärmen, denn das machst du alles in deinem Mixtopf. Somit sparst du dir unnötigen Abwasch und natürlich Zeit und Aufwand, denn du musst wieder einmal nicht viel machen; das übernimmt dein Küchenallrounder für dich. Sobald die von dir gewünschte Temperatur erreicht ist, wirst du von deinem TM6 darüber per Signalton informiert.

## Wasser erhitzen (TM6)

Dieser TM6-Modus dient dir als dein Wasserkocher, jedoch mit der Zusatzfunktion, dass du zwischen 37 °C und 100 °C zielgenau erhitzen kannst. Grüner Tee wird zum Beispiel bei zu heißem Wasser bitter, daher nutze diesen Modus und erwärme ihn auch auf genau 70 °C, die ideal dafür sind. Wenn du Fläschchen für dein Baby zubereiten musst, weißt du, wie umständlich es sein kann, perfekt temperiertes und doch abgekochtes Wasser dafür hinzubekommen, oder? Dann auch noch nachts, wo man eigentlich nur schlafen möchte. Koche einfach am Abend vor dem Schlafengehen dein Wasser auf 100 °C ab und lass es im Mixtopf. Wenn sich dann der Hunger bei deinem Baby einstellt, erhitzt du das vorbereitete Wasser einfach auf ca. 40 °C und fertig ist die trinkfertige Mahlzeit. Im Gegensatz zum Modus *Erwärmen* darf in diesem Fall nur Wasser erhitzt werden, wie du es auch in einem Wasserkocher machen würdest. Auch hier informiert dich dein TM6, sobald er die von dir erwünschte Temperatur erreicht hat.

> **WICHTIG** Achte immer auf die Benutzerhinweise auf deinem Thermomix®. Diese findest du bei jedem Modus unter dem Infozeichen **i**.

## Kontrolliertes Erhitzen (TM6, TM5) – Kein Modus, aber eine Funktion

Für TM5-Besitzer habe ich auch gute Nachrichten. Wenn auch der TM5 die Modi *Erwärmen* und *Wasser erhitzen* nicht vorprogrammiert hat, kannst du deinen TM5 trotzdem manuell dafür nutzen. So profitierst auch du von der Funktion, Speisen erneut erwärmen oder Wasser gradgenau erhitzen zu können. Mit dem TM6 funktioniert das zwar einfacher, da er dir dank des voreingestellten Modus mit einem Signalton Bescheid gibt, sobald er die Soll-Temperatur erreicht hat. Trotzdem kann es dein TM5 auch. Dazu musst du nur wissen, was du zu tun hast, denn dein TM5 ist darauf nicht vorprogrammiert. Die Informationen, die du dafür benötigst, findest du oben bei den TM6-Modi *Erwärmen* und *Wasser erhitzen* beschrieben. Du brauchst dich nur daran zu orientieren und beim TM5 die Temperatur und die Stufe manuell einzustellen. Wenn du Wasser erhitzen möchtest, dann musst du für die manuelle Nutzung zusätzlich wissen, dass du Stufe 1 als Geschwindigkeitsstufe wählst. So kannst auch du ganz einfach deinen Thermomix® als Wasserkocher nutzen. Dein TM5 kann also auch zielgenau erwärmen oder Wasser kontrolliert erhitzen. Du musst jedoch ab und zu nachsehen, ob denn die gewünschte Temperatur bereits erreicht ist. Dafür liest du die aktuelle Ist-Temperatur von deinem Display ab, welche du auf dem mittleren Wählerkreis über der von dir eingestellten Soll-Temperatur findest.

## Fermentieren (TM6)

Der Prozess der Fermentation ist für die Herstellung bestimmter Lebensmittel notwendig. Ein Beispiel für fermentiertes Gemüse wäre das Sauerkraut. Aber auch anderes Gemüse kann durch Fermentation lange haltbar gemacht werden. Schon einmal etwas von Kimchi gehört? Auch ein gutes Beispiel dafür, was du dir mit deinem TM6 alles selbst zubereiten kannst. Fermentierte Lebensmittel sind nicht nur geschmacklich überzeugend, sie sind auch nachweislich gut für die Darmflora und können sogar unser Immunsystem positiv beeinflussen. Am bekanntesten ist wohl das selbst gemachte Naturjoghurt, welches immer mehr an Beliebtheit gewinnt. Hast du vielleicht auch schon davon gehört, aber dich bisher noch nicht getraut, es auszuprobieren? Die Kunst des Fermentierens besteht darin, eine konstante Temperatur über einen sehr langen Zeitraum zu halten. Kein Problem für deinen TM6, denn mit dem Modus *Fermentieren* stellst du die gewünschte Temperatur zwischen 37 °C und 70 °C ein; und das bis zu 12 Stunden. So sorgt dein TM6 dafür, dass die Temperatur gleichbleibend ist, dadurch fermentieren deine Lebensmittel, auch noch ganz einfach im Varoma-Behälter. Noch nicht ausprobiert? Das solltest du ändern, denn es ist nicht nur sehr einfach, sondern das Ergebnis auch noch sehr gesund. Also ran an den Mixtopf!

*Tipp*

Bevor du startest, lies auch hier die Benutzerhinweise zum Modus (siehe i) auf deinem Display. So sorgst du z. B. auch dafür, dass dein Mixtopf schön bleibt.

## Pürieren (TM6)

Es wird empfohlen, beim Pürieren immer bei niedriger Stufe zu starten und diese anschließend zu erhöhen. In Rezepten kommt dir das häufig unter, dass du ansteigend z. B. von Stufe 5 pürieren oder mixen sollst. Mit dem Modus *Pürieren* ist das sogar noch einfacher für dich, denn du brauchst nur die Voreinstellungen zu nutzen. Wähle zwischen 10 Sekunden und 5 Minuten und sag deinem TM6, welche Zielstufe, zwischen 6 und 8, du wünschst. So startet er bei Stufe 5 und erhöht in der vorgegebenen Zeit auf die von dir gewählte Zielstufe, das alles ohne deine Hilfe. Beispiel: Du stellst 1 Min./Stufe 8 ein, dann beginnt er bei Stufe 5 und erhöht, bis er bei Stufe 8 angekommen ist und nun fein püriert bzw. mixt. So entstehen wunderbar cremige Suppen, feine Smoothies oder Pürees. Auch für Babybrei ist dieser Modus sehr gut geeignet.

**WICHTIG** Den Mixtopf nie über die 2-Liter-Markierung befüllen und unbedingt den Messbecher vor dem Pürieren bzw. Mixen einsetzen. Ansonsten besteht Verbrennungsgefahr, oder du hast alles in deiner Küche verteilt. Achte immer penibel darauf!

## Slow Cooking (TM6)

Mit diesem Modus kannst du deinen TM6 als Slow Cooker nutzen. Dabei wird das Fleisch, bis zu 800 g, bei gleichbleibender, niedriger Temperatur zwischen 37 °C und 98 °C über einen Zeitraum von bis zu 8 Stunden in Flüssigkeit geschmort. Dabei kommen Aromen ganz anders zur Geltung und durch die Zugabe von Gewürzen und Kräutern entstehen wunderbare, neue Geschmackserlebnisse. Das Ergebnis dieser sanften

Methode ist butterweiches Fleisch, z. B. Pulled Pork, Pulled Chicken, Slow-Cooking-Fleischbällchen. Hast du dich nicht auch schon einmal gefragt, wie das wäre, wenn du dir deinen eigenen Pulled-Chicken-Burger zubereitest? Doch die Umsetzung schien dann doch einfach zu kompliziert bzw. umständlich? Du hast deinen TM6, mit dem kannst du fast alles schaffen, auf jeden Fall kannst du diese Aufgabe jetzt einfach meistern. Du musst es nur noch probieren. Du wirst begeistert sein, das kann ich dir versprechen.

> **WICHTIG** Achte immer auf die Benutzerhinweise auf deinem Thermomix®. Diese findest du bei jedem Modus unter dem Infozeichen *i*.

## Sous-vide (TM6)

Vor dieser Garmethode haben viele Hobbyköche, vor allem auch Kochneulinge, sehr viel Respekt. Es steht die Annahme im Raum, dass Sous-vide-Garen nur etwas für Profiköche mit teuren Sous-vide-Geräten ist. Doch dabei hat jeder TM6-Nutzer solch ein Sous-vide-Gerät zur Verfügung. Mit deinem TM6 bereitest du dir ab jetzt die saftigsten, zartesten und vor allem aromatischsten Gerichte zu. Ob Huhn, Rind, Schwein, Ente, Meeresfrüchte, Fisch, Gemüse oder Obst, dir sind keine Grenzen gesetzt. Einfach vakuumverpackt und mit Gewürzen verfeinert wird das Lebensmittel bei gleichbleibender Temperatur im Wasserbad zwischen 40 °C und 85 °C über einen Zeitraum von bis zu 12 Stunden gegart. Dadurch entsteht eine feine und mürbe Textur, die dir im Mund zergehen wird. Auch Schokolade kannst du, vakuumiert, im Wasserbad gleichmäßig schmelzen. Dir stehen mit diesem Modus wieder ganz neue Möglichkeiten offen, z. B. das perfekte Rinderfilet-Steak, zartes Entenbrustfilet oder sogar aromatisiertes Obst, welches sich perfekt als Nachspeise eignet. Egal wofür du dich entscheidest, du wirst es nicht bereuen. Beeindrucke Freunde und Bekannte mit deinen Gerichten und verzaubere sie. Entführe deine Liebsten in die Welt von purem Genuss, einfach, weil du es kannst. Dein TM6 wird dich dabei mit all seinen Fähigkeiten unterstützen und dir stehen viele neue Genusswelten offen.

> **WICHTIG** Achte immer auf die Benutzerhinweise auf deinem Thermomix®. Diese findest du bei jedem Modus unter dem Infozeichen *i*.

*Nun beginnt deine Reise*
*durch meine Genusswelt.*

*Ich wünsche dir viel Freude*
*mit meinen Rezepten und ganz viel Spaß*
*beim Nachkochen.*

*Lass dich nicht nur inspirieren,*
*sondern lass den Genuss voll und ganz*
*in deine Küche einziehen.*

# Basisrezepte

*Basics für deinen Kochalltag*

# Gemüsepaste à la KochEule – Grundstock

4 Portionen à 450 g

## ZUTATEN

100 g Zwiebeln, halbiert
700 g Gemüse nach Wahl, in Stücken, z. B. 100 g Lauch, 300 g Karotten, 200 g Sellerie, 100 g Pastinake
1 Bund Petersilie, Blättchen abgezupft
100 g Tomaten, halbiert
2 Stück getrocknete Tomaten
3 Stück getrocknete Steinpilze
3 Knoblauchzehen, optional
1 ½ EL Liebstöckel, getrocknet
¼ TL Piment, gemahlen
6 schwarze Pfefferkörner
20 g Tomatenmark
5 Wacholderbeeren
3 Lorbeerblätter, getrocknet
30 g Olivenöl
150 g Steinsalz, grob

## ZUBEREITUNG

1 Zwiebeln, Gemüse nach Wahl in den Mixtopf geben, 12 Sek./Stufe 7 zerkleinern. Mit dem Spatel nach unten schieben.

2 Petersilie, Tomaten, getrocknete Tomaten, Steinpilze, Knoblauch, Liebstöckel, Piment, Pfefferkörner, Tomatenmark, Wacholderbeeren und Lorbeerblätter zugeben, mithilfe des Spatels 25 Sek./Stufe 7 zerkleinern.

3 Olivenöl und Steinsalz zugeben, 20 Sek./Stufe 5 vermischen. Gareinsatz statt dem Messbecher als Spritzschutz auf den Mixtopfdeckel geben und die Paste für 27 Min./Varoma/Stufe 2 einkochen. Gewürzpaste in sterile Gläser füllen, verschließen und abkühlen lassen.

4 Gewürzpaste für Suppen und Soßen verwenden. Geöffnete Gläser im Kühlschrank aufbewahren.

### *Tipp*

Gläser sterilisieren: Gläser zuerst im Geschirrspüler reinigen. Anschließen heiß auswaschen und im Backrohr bei 100 °C Ober-/Unterhitze trocknen. So werden mögliche Bakterien abgetötet.

Wichtig! Sehr sauber arbeiten, damit du lange Freude an deiner Paste hast. Sie kann ungeöffnet wie Marmelade kühl, trocken und dunkel über Monate gelagert werden, z. B. in der Speisekammer. Geöffnet unbedingt im Kühlschrank lagern.

Charlotte Cake Pan

# Backtrennmittel 1, 2, 3 à la KochEule

1 Schraubglas à 350 ml

## ZUTATEN

100 g Kokosöl
100 g neutrales Pflanzenöl, z. B. Rapsöl
100 g Weizenmehl Type 700 (DE 550)

## ZUBEREITUNG

1. Alle Zutaten in den Mixtopf geben und 2 Min. 30 Sek./Stufe 4 zu einer homogenen Paste verrühren.
2. Das Backtrennmittel in das sterile Schraubglas füllen und die Paste im Kühlschrank lagern.
3. Bei Bedarf einfach die benötigte Menge entnehmen und damit jede Backform bestens auf ihren Einsatz vorbereiten.

### *Tipp*

Verwende die Paste in geringen Mengen, da sie in den Händen sehr weich wird und somit sehr ergiebig ist. Taste dich an die benötigte Menge langsam heran. Ich empfehle dir z. B. 1 gehäuften TL für eine Gugelhupf- oder Kastenform.

# Vanillezucker einfach selbst gemacht

1 Schraubglas à 230 g

## ZUTATEN

200 g Rohrohrzucker
1 Vanilleschote, frisch, in Stücken

## ZUBEREITUNG

1 Vanilleschotenstücke in das Schraubglas geben und mit dem Rohrohrzucker bedecken. Das Glas kräftig schütteln, sodass alles gut vermischt ist. Den Zucker nun am besten 1 Woche ziehen lassen, mindestens jedoch 3 Tage, damit die Schote trocknen kann.

2 Vanilleschoten-Rohrohrzucker-Mischung in den Mixtopf geben, optional Miximizer einsetzen, 30 Sek./Stufe 10 pulverisieren. Den selbst gemachten Vanillezucker zurück in das Glas füllen und nach Bedarf verwenden.

### *Tipp*

Je länger der Zucker mit der Vanilleschote durchzieht, desto intensiver wird dein Vanillezucker. Die Menge hängt von der Größe der Schoten ab.

Verwende deinen selbst gemachten Vanillezucker sparsam, da er viel intensiver als handelsüblicher Vanillezucker ist. 1 TL selbst gemacht = 1 Packung gekauft.

Sammle ausgekratzte Vanilleschoten, die dir immer wieder bei entsprechenden Rezepten übrig bleiben, in einem großen Schraubglas mit Rohrohrzucker. Auch diese kannst du dann portionsweise immer wieder zu Vanillezucker verarbeiten (siehe Schritt 2 im Rezept) oder einfach in dem Glas lassen und bei Bedarf die gewünschte Menge entnehmen. Das machst du auch, wenn du lieber körnigen Vanillezucker verwendest. Wenn auch etwas weniger intensiv als der vermahlene, ist auch dieser Vanillezucker sehr aromatisch und eine leckere Möglichkeit, deine ausgekratzten Schoten weiterzuverwenden.

# Zitronen- oder Orangenzucker

1 Schraubglas à 230 g

## ZUTATEN

200 g Zucker
4–5 Streifen Bio-Zitronen- bzw. Orangenschale, dünn abgeschält

## ZUBEREITUNG

1. Den Zucker und die Schalenstreifen in ein großes Gefäß geben, gut schütteln, verschließen und mindestens 2 Wochen durchziehen lassen, damit sich das Aroma verbreiten kann.
2. Nach den 2 Wochen die Zuckermischung in den Mixtopf geben und 8 Sek./Stufe 10 pulverisieren.
3. In Schaubgläser füllen und z. B. zum Aromatisieren von Gebäck, Kuchen, Getränken verwenden. Trocken lagern.

### *Tipp*

Die Schalen am besten mit einem Sparschäler oder einem scharfen Messer von den gewaschenen Bio-Zitronen abschälen. Wichtig ist dabei, dass nur die Schale und nicht die weiße Haut abgeschält wird, ansonsten wird der Zucker bitter. Am einfachsten funktioniert das, wenn du die Schale vor dem Auspressen abschälst.

Trocken gelagert hält sich der Zucker ewig. Wenn er mal hart wird, das Glas einfach kräftig schütteln, so wird er wieder locker und streufähig.

# Zitronensalz

1 Schraubglas à 250 g

## ZUTATEN

5 Streifen Bio-Zitronenschale, dünn abgeschält
150 g Salz, grob
70 g Salz

## ZUBEREITUNG

1 Backofen auf 60 °C vorheizen. Ein Backblech mit Backpapier auslegen.

2 Zitronenschale in den Mixtopf geben, 8 Sek./Stufe 10 zerkleinern und mit dem Spatel nach unten schieben.

3 Grobes Salz zugeben und 8 Sek./Stufe 8 zerkleinern.

4 Salz zugeben und alles für 10 Sek./Stufe 3 vermischen.

5 Das Zitronensalz auf dem vorbereiteten Backblech verteilen und im vorgeheizten Backrohr für ca. 20 Minuten trocknen. Das aromatisierte Salz komplett abkühlen lassen, in kleine Schraubgläser füllen und bis zur Verwendung kühl und trocken lagern.

### *Tipp*

Natürlich kannst du auch getrocknete Zitronenschalen verwenden, jedoch ist das Aroma mit frischen Schalen intensiver als mit getrockneten.

# Kokosmilch-Paste

2 Schraubgläser à 150 g

## ZUTATEN

300 g Kokosraspeln
1 Prise Salz

## ZUBEREITUNG

1. Die Raspeln und das Salz in den Mixtopf geben und für 45 Sek./Stufe 10 pulverisieren. Mit dem Spatel nach unten schieben.
2. Optional Miximizer einsetzen. Anschließend 30 Sek./Stufe 6 mixen, mit dem Spatel nach unten schieben und den Vorgang 3-mal wiederholen, bis eine cremige Konsistenz entsteht.
3. Nun das Ganze für 2 Min./Stufe 6.5 mixen, alles mit dem Spatel nach unten schieben und zum Schluss die Masse nochmal für 30 Sek./Stufe 7 fein mixen.
4. Die Kokosmilch-Paste in ein Schraubglas füllen, bei Zimmertemperatur lagern und als Basis für deine selbst gemachte Kokosmilch oder zum Verfeinern von Currys, Desserts und Soßen verwenden.

**Für 200 g selbst gemachte Kokosmilch:**
200 g Wasser sowie 20 g Kokosmilch-Paste in den Mixtopf geben, 1 Min. 20 Sek./Stufe 10 mixen. Gleich verwenden oder in ein Schraubglas umfüllen. Im Kühlschrank lagern.

Die Kokosmilch hält gekühlt ca. 3 Tage.

### *Tipp*

Die Kokosmilch kann bei Bedarf auch mit einem Nussmilchbeutel oder einem feinen Sieb abgeseiht werden, um eine glatte Kokosmilch zu erhalten. Die gesiebten Reste nicht wegwerfen, sondern ins nächste Müsli oder in den nächste Shake mischen (siehe Rezepte Frucht-Nuss-Müsli mit Quark oder Trinkfrühstück „to go" mit Hafer und Kakao).

Haltbarkeit der Paste: ca. 3 Monate bei Zimmertemperatur

# Haferdrink

1 Glasflasche 1 Liter

## ZUTATEN

70 g Haferflocken
750 g Wasser
1 Prise Salz
2–3 Datteln

## ZUBEREITUNG

1 Haferflocken, Wasser, Salz und Datteln in den Mixtopf geben und 1 Min. 45 Sek./Stufe 10 mixen.

2 Bei Bedarf, wenn du einen feinen Haferdrink möchtest, einen Nussmilchbeutel in einen Krug einhängen, die Hafermilch langsam durch den Nussmilchbeutel gießen und ausdrücken. Haferdrink servieren, weiterverwenden oder in eine Flasche (à 750 ml) umfüllen und im Kühlschrank aufbewahren.

### *Tipp*

Ideen zur Weiterverwendung sind z. B.: Porridge, Overnight Oats, Trinkfrühstück, Müsli oder einfach in deinen Kaffee.

Die Reste vom Abseihen nicht wegwerfen, sondern in dein nächstes Müsli zugeben (siehe Rezepte Frucht-Nuss-Müsli mit Quark oder Trinkfrühstück „to go" mit Hafer und Kakao).

Haltbarkeit: ca. 3–4 Tage im Kühlschrank

# Mandeldrink

1 Glasflasche 1 Liter

## ZUTATEN

160 g Mandeln, blanchiert
750 g Wasser
1 Prise Salz
2–3 Datteln

## ZUBEREITUNG

1 Mandeln, Wasser, Salz und Datteln in den Mixtopf geben und 1 Min. 40 Sek./ Stufe 10 mixen.

2 Bei Bedarf, wenn du eine feine Mandelmilch möchtest, einen Nussmilchbeutel in einen Krug einhängen, den Mandeldrink langsam durch den Nussmilchbeutel gießen und ausdrücken. Mandeldrink servieren, weiterverwenden oder in eine Flasche (à 750 ml) umfüllen und im Kühlschrank aufbewahren.

### *Tipp*

Ideen zur Weiterverwendung sind z.B.: Porridge, Overnight Oats, Trinkfrühstück, Müsli oder einfach in deinen Kaffee.

Die Reste vom Abseihen nicht wegwerfen, sondern in dein nächstes Müsli zugeben (siehe Rezepte Frucht-Nuss-Müsli mit Quark oder Trinkfrühstück „to go" mit Hafer und Kakao).

Haltbarkeit: ca. 3–4 Tage im Kühlschrank

# Good Morning – Frühstücksideen

*Für einen guten Start in den Morgen!*

# Overnight Oats – mein Lieblingsfrühstück

Grundrezept für 4 Portionen • 4 Weck-Gläser à 200 g

## ZUTATEN

1 große reife Banane, in Stücken
160 g Haferflocken, zart
250 g Jogurt, optional Mandel- oder Haferjogurt
250 g Milch, optional Mandel- oder Haferdrink
25 g Ahornsirup
20 g Chiasamen
1 TL Leinsamen, optional

**Varianten**

250 g frische Beeren
40 g Erdnussbutter (siehe Trinkfrühstück „to go") oder Nussmus nach Wahl
20 g Backkakao
30 g gefriergetrocknete Früchte

**Schnelles Beerenmus:**

300 g TK-Beeren deiner Wahl in den Mixtopf geben, 30 g Ahornsirup zugeben (optional Mixtaste) oder Garkörbchen statt Messbecher einsetzen und 6 Min./100 °C/Stufe 2 köcheln. Beerenkoch für 20 Sek./Stufe 5–8 ansteigend pürieren.

## ZUBEREITUNG

1. Banane in den Mixtopf geben und 4 Sek./Stufe 4.5 zerkleinern. Mit dem Spatel nach unten schieben.
2. Die restlichen Zutaten zugeben und 25 Sek./Linkslauf/Stufe 3 vermischen.
3. Die Oats portionsweise in Gläser füllen, dabei einen 2 cm großen Rand frei lassen. Oats mind. 3 Stunden, am besten über Nacht, in den Kühlschrank stellen.
4. Mit frischem Obst, Nüssen, Nussmus, Hanfsamen, Schokodrops oder dem schnellen Beerenmus toppen und servieren.

### *Tipp*

Variiere deine Oats nach Lust und Laune. Ob Beeren deiner Wahl, Erdnussbutter, Nussmus deiner Wahl, Backkakao oder gefriergetrocknete Früchte, du kannst dich hier richtig austoben.

Wenn du frische Beeren in dein Frühstück möchtest, gib diese einfach in Schritt 1 zur Banane in den Mixtopf und zerkleinere diese gemeinsam. Solltest du Lust auf Backkakao haben, dann gib zusätzlich noch 10 g mehr Ahornsirup zu deinen Oats. Lacht dich die Variante mit den gefriergetrockneten Früchten an, so zerkleinere diese noch vor Schritt 1 für 10 Sek./Stufe 10 in deinem Mixtopf, fülle sie in eine Schüssel um und gib sie in Schritt 2 mit den restlichen Zutaten wieder dazu.

# Frühstücks-Muffins

Brioche-Schnecken • 12 Stück

## ZUTATEN

20 g Hefe, frisch
60 g Zucker
110 g Milch
70 g Wasser
450 g Weizenmehl Typ 700 (DE 550)
½ TL Salz
1 Ei, Größe M, verquirlt
1 EL Milch
2 Eigelbe, Größe M
80 g Butter, weich, in Stücken
Hagelzucker, zum Bestreuen, optional

## ZUBEREITUNG

1. Hefe, Zucker, Milch und Wasser in den Mixtopf geben und 2 Min./37 °C/ Stufe 2 die Hefe auflösen.
2. Mehl, Salz, 1 EL verquirltes Ei sowie Eigelbe zugeben und 2 Min./Teig-Modus kneten.
3. Butter zugeben, 3 Min./Teigmodus kneten, in eine Schüssel umfüllen und abgedeckt an einem warmen Ort ca. 30 Minuten gehen lassen, bis sich das Volumen verdoppelt hat.
4. Die Mulden eines Muffinblechs mit selbst gemachtem Backtrennmittel (siehe Basisrezepte) einfetten.
5. Teig auf einer bemehlten Teigmatte, optional WunderMat, zu einem Rechteck ausrollen, von der längeren Seite her aufrollen. Den Teigstrang in 12 Schnecken teilen und je in eine Muffinmulde setzen. 1 EL Milch zum restlichen verquirlten Ei geben, vermischen und die Muffins damit bestreichen. Optional mit Hagelzucker bestreuen und erneut an einem warmen Ort ca. 10 Minuten gehen lassen. Backofen auf 170 °C Heißluft vorheizen.
6. Brioche-Schnecken auf mittlerer Schiene 20–25 Minuten backen, im Blech auf einem Gitter abkühlen lassen, dann vorsichtig aus den Mulden lösen und noch etwas abkühlen lassen. Die Frühstücks-Muffins mit Butter und/oder Marmelade servieren oder einfach einfrieren und bei Bedarf kurz aufbacken. Sie werden wieder wie frisch gebacken!

# Granola à la Claudia

+ das schnellste Vanillejoghurt • Ergibt ca. 700 g Granola

## ZUTATEN

100 g Dinkel- oder Reispops, ungezuckert
280 g Dinkelflocken
100 g Mandelstifte
100 g Pekannüsse
1 reife Banane, in Stücken
Abrieb von ½ Bio-Zitrone
60 g Kokosöl
1 EL Vanilleextrakt
50 g Ahornsirup
2–3 TL Zimt
1 Prise Salz

**Schnellstes Vanillejoghurt (1 Portion):**
200 g Naturjoghurt, 1 TL Ahornsirup und ½ TL Vanilleextrakt in einer Schüssel glattrühren und fertig!

## ZUBEREITUNG

1 Backofen auf 160 °C Ober-/Unterhitze vorheizen. Ein Backblech mit Backpapier auslegen.

2 In einer großen Schüssel Dinkelpops, Dinkelflocken, Mandelstifte und Pekannüsse vermischen.

3 Banane in den Mixtopf geben und 5 Sek./Stufe 4 zerkleinern. Mit dem Spatel nach unten schieben. Das Kokosöl zum Bananenmus geben und für 3 Min. 30 Sek./70 °C/Stufe 1 erwärmen.

4 Ahornsirup, Zitronenabrieb, Vanilleextrakt, Zimt und Salz zugeben und 10 Sek./Stufe 3.5 vermischen. Das Mus zu der trockenen Mischung in der Schüssel geben und alles mit einem Kochlöffel gut vermischen.

5 Die Masse auf das vorbereitete Blech geben, gleichmäßig verteilen und für ca. 30 Min. goldbraun backen, zwischendurch zweimal mit einem Löffel wenden.

6 Granola auskühlen lassen und nach Wunsch noch verfeinern, z. B. mit gefriergetrockneten Früchten, Rosinen, Schokodrops, Kokosraspeln.

7 Fertiges Granola in ein sauberes, trockenes Gefäß deiner Wahl füllen und verschließen.

### *Tipp*

Luftdicht verschlossen hält dein Granola ca. 3 Wochen. Genieße es am besten mit Skyr, kalter Milch oder dem schnellsten Vanillejoghurt überhaupt.

# Spinat-Rührei-Muffins

6 Portionen

## ZUTATEN

70 g Cheddar, in Stücken
60 g Babyspinat
1 Knoblauchzehe, optional
90 g Cocktailtomaten, halbiert
5 Eier, Größe M
¾ TL Salz
2 Prisen Pfeffer
2 Prisen Paprikapulver edelsüß
2 Prisen Muskatnuss, gemahlen

## ZUBEREITUNG

1. Backofen auf 180 °C Ober-/Unterhitze vorheizen, 6 Mulden einer Muffinform einfetten.
2. Cheddar in den Mixtopf geben und 6 Sek./Stufe 6 zerkleinern und in eine Schüssel umfüllen.
3. Spinat und Knoblauchzehe in den Mixtopf geben, optional Miximizer einsetzen, 7 Sek./Stufe 5 zerkleinern, mit dem Spatel nach unten schieben.
4. Tomate zugeben und 5 Sek./Stufe 5 zerkleinern.
5. Eier sowie die Gewürze zugeben, 10 Sek./Stufe 4 vermischen. Cheddar zugeben und für 10 Sek./Stufe 3 untermengen.
6. Die Masse in die vorbereiteten Muffinmulden füllen und ca. 20 Min. goldbraun backen.

### *Tipp*

Verwende Papier-Muffinförmchen, damit lösen sich die Muffins perfekt aus der Form und sind auch noch hübsch anzusehen.

Du kannst jeden Käse wählen, den du gern magst. Wenn es etwas milder sein soll, nimm einfach Gouda. Wenn es kräftiger sein darf, entscheide dich für Emmentaler oder Bergkäse.

**Schinkenvariante:** Gib in Schritt 3 einfach 60 g Schinken in Stücken zu und zerkleinere diesen zusammen mit dem Spinat oder lass optional den Spinat sogar weg.

# Frühstücks-Toasties

4 Portionen / 10 Toasties

## ZUTATEN

100 g Dinkelkörner
150 g Milch
150 g Wasser
35 g Zucker
15 g Hefe, frisch
200 g Weizenmehl Typ 700 (DE 550)
200 g Dinkelmehl Typ 700 (DE 630)
1 ½ TL Salz
45 g zimmerwarme Butter

**zum Belegen**

4 Eier
8 Scheiben Speck/Bacon
4 Scheiben Cheddar
Hartweizengrieß, zum Bestreuen

### *Tipp*

Die restlichen Toasties einfrieren und beim nächsten Mal einfach kurz aufbacken oder über Nacht aus dem Gefrierfach nehmen und toasten. Solltest du weniger brauchen, reduziere die Teigmenge, nur die Hefe bleibt dabei gleich, z.B. für 5 Toasties die Menge einfach halbieren.

**Vegetarische Variante:** Spiegelei einfach auf Hummus (siehe Hummus-Dreierlei) oder Avoacadocreme platzieren.

Für die Avocadocreme einfach 1 Avocado halbieren, Kern entfernen. Fruchtfleisch in Stücke schneiden, mit einer Gabel zerdrücken, 1 EL Zitronensaft sowie Salz und Pfeffer nach Geschmack zugeben und alles vermischen. Fertig!

## ZUBEREITUNG

1. Eine Schüssel mit Deckel etwas einfetten.
2. Dinkelkörner in den Mixtopf geben, optional Miximizer einsetzen, 1 Min./Stufe 10 mahlen. In eine Schüssel umfüllen. Mixtopf spülen.
3. Milch, Wasser, Zucker und Hefe in den Mixtopf geben und 2 Min./37 °C/Stufe 2 erwärmen.
4. Restliche Zutaten sowie die gemahlenen Dinkelkörner zugeben und 2 Min./Teigmodus kneten. Teig in die vorbereitete Schüssel geben und ca. 40 Min. gehen lassen.
5. Teig nun auf eine leicht bemehlte Arbeitsfläche geben und zu einer Kugel formen. Diese nochmal für 10 Minuten ruhen lassen. Anschließend die Kugel ca. 1 cm dick ausrollen.
6. Mit einem Ausstecker (Ø 8–10 cm) Kreise ausstechen. Die Kreise an beiden Seiten mit etwas Hartweizengrieß bestreuen und nochmal für 15 Min. gehen lassen. Den Backofen auf 180 °C Ober-/Unterhitze vorheizen.
7. Jetzt eine Pfanne erhitzen und diese leicht mit Öl einpinseln. Die Kreise in der Pfanne auf jeder Seite etwa 2–3 Minuten goldgelb backen. Wenn alle Toasties gebraten sind, diese noch für ca. 8–10 Minuten im vorgeheizten Backofen fertig backen.
8. Aus den Eiern Spiegeleier zubereiten, Baconscheiben ebenfalls anbraten. Die Toasties auseinanderschneiden, mit Butter bestreichen, je 1 Spiegelei, 2 Baconstreifen sowie 1 Scheibe Cheddar darauflegen, Deckel darauf und warm servieren.

# Apfel-Nuss-Müsli mit Quark

4 Portionen

## ZUTATEN

100 g Hafer-, Hirse- oder Sojaflocken
4 Aprikosen, getrocknet, halbiert
80 g Walnüsse
2 Äpfel, entkernt und halbiert
20 g Ahorn- oder Dattelsirup
350 g Joghurt
150 g Topfen oder Quark
1 TL Vanilleextrakt

## ZUBEREITUNG

1. Flocken, Aprikosen und Walnüsse in den Mixtopf geben, 5 Sek./Stufe 7 zerkleinern.
2. Äpfel zugeben und 4 Sek./Stufe 5 zerkleinern. Mit dem Spatel nach unten schieben.
3. Sirup, Joghurt, Quark und Vanilleextrakt zugeben, 5 Sek./Linkslauf/Stufe 3.5 vermischen.
4. Müsli auf 4 Schälchen aufteilen, nach Wunsch toppen und servieren.

### *Tipp*

Als Topping kannst du alles verwenden, was du gern magst, z. B. Nussmus, frisches Obst / Beeren, gehackte Nüsse und Honig, Kokosraspeln, Chiasamen oder auch Schokodrops.

# Trinkfrühstück „to go“

inkl. Erdnussbutterrezept • 4 Portionen

Wenn es mal schnell gehen muss, dann ist dieses Trinkfrühstück ideal. Es ist nicht nur gesund, weil voller nahrhafter Zutaten, sondern sättigt auch lange.

## ZUTATEN

750 g Mandeldrink (siehe Basisrezepte)
80 g Haferflocken
1 Banane, reif
2 EL Erdnussbutter, selbst gemacht
125 g Heidelbeeren, frisch
15 g Backkakao, optional
25–30 g Ahorn- oder Dattelsirup
6 Eiswürfel, optional

## ZUBEREITUNG

1. Alle Zutaten in den Mixtopf geben und 1 Min./Stufe 10 mixen.
2. Trinkfrühstück in 4 Gläser oder Glasflaschen „to go" umfüllen und genießen.

**Erdnussbutter, selbst gemacht**

400 g Erdnüsse, geröstet und ungesalzen
20 g Erdnussöl, optional Raps- oder Sonnenblumenöl
1 EL Rohrohrzucker
1 TL Salz

Alle Zutaten in den Mixtopf geben, optional Miximizer einsetzen, 30 Sek./Stufe 7 mixen.

Alles mit dem Spatel nach unten schieben und nun für 1 Min. 30 Sek./Stufe 5.5 weitermixen.

Konsistenz prüfen und ggf. erneut 1 Min./Stufe 6 wiederholen. In ein steriles Glas umfüllen und nach Belieben verwenden.

# Hirse-Birchermüsli

4 Portionen

Du suchst nach einem passenden Frühstück, das du dir morgens nur zu schnappen brauchst, wenn es mal schnell gehen muss? Dann ist dieses Hirse-Birchermüsli genau das Richtige für dich. Nahrhafte Flocken, gesunde Nüsse, frisches Obst und Joghurt machen es zum perfekten Frühstück, auch ideal „to go“ für Arbeit oder Schule.

## ZUTATEN

100 g Apfelsaft
1 reife Banane, in Stücken
15 g Zitronensaft
40 g Walnüsse, halbiert
1 Apfel, entkernt und geviertelt
1 EL Kokosöl
150 g Milch bzw. Mandel- oder Haferdrink (siehe Basisrezept)
200 g Joghurt, optional pflanz. Alternative
100 g Hirseflocken
70 g Haferflocken, zart
½ TL Zimt, gemahlen
1 EL Vanilleextrakt

## ZUBEREITUNG

1. Apfelsaft, Banane und Zitronensaft in den Mixtopf geben, 5 Sek./Stufe 7 mixen.
2. Walnüsse, Apfel und das Kokosöl zugeben und 3 Sek./Stufe 5 zerkleinern.
3. Mandeldrink, Joghurt, Hirse- und Haferflocken, Rosinen, Chiasamen, Zimt sowie Vanilleextrakt zugeben und alles für 10 Sek./Linkslauf/Stufe 3 vermischen.
4. Birchermüsli in 4 Gläser (à 230 ml) füllen und dabei etwa 4 cm Rand für das Topping lassen. Gib das Müsli für mind. 30 Minuten oder über Nacht zum Durchziehen in den Kühlschrank.
5. Dekoriere dein Müsli nach Belieben mit frischem Obst und einem Nussmus deiner Wahl.
6. Das Müsli ist bis zu 3 Tage im Kühlschrank haltbar.

# Auberginen-Shakshuka mit Ei

4 Portionen

Diese Shakshuka mit Aubergine und Ei ist sowohl als wärmendes Frühstück geeignet als auch für ein nahrhaftes Abendessen. Ich empfehle dir noch warmes Fladenbrot dazu.

## ZUTATEN

500 g Aubergine, gewürfelt, ca. 2 Stk.
1 TL Salz
1 rote Zwiebel, halbiert
2 Knoblauchzehen
40 g Olivenöl
400 g Tomatenpassata
20 g Tomatenmark
1 Prise Zucker
1 TL Paprikapulver edelsüß
2 Prisen Cumin, gemahlen
½ TL Zimt
1 ½ TL Salz
2 Prisen Pfeffer
4 Eier
½ Bund Petersilie
4 EL Joghurt

## ZUBEREITUNG

1. Auberginenwürfel in den Varoma-Behälter einwiegen, mit 1–2 TL Salz bestreuen, mit den Händen etwas kneten und zum Abtropfen in eine Schüssel stellen, sodass für den Abtropfsaft etwas Luft bleibt.
2. Petersilie in den Mixtopf geben, optional Miximizer einsetzen, 3 Sek./Stufe 8 zerkleinern. In eine Schüssel umfüllen.
3. Zwiebel und Knoblauch in den Mixtopf geben, optional Miximizer einsetzen, 4 Sek./Stufe 5 zerkleinern. Miximizer entfernen, bei Bedarf mit dem Spatel nach unten schieben.
4. 20 g Olivenöl zugeben, optional Mixtaste, ansonsten Garkörbchen statt Messbecher aufsetzen, 3 Min./120 °C/Stufe 1 dünsten. Währenddessen Auberginenwürfel mit Wasser abspülen, mit Küchenpapier trocken tupfen.
5. Auberginenwürfel und restliches Olivenöl zugeben, optional Mixtaste, ansonsten Garkörbchen anstelle des Messbechers aufsetzen und alles 2 Min. 30 Sek./120 °C/Stufe 1 dünsten.
6. Passata, Tomatenmark, Zucker sowie Gewürze zugeben, optional Mixtaste, ansonsten Garkörbchen statt Messbecher aufsetzen und 8 Min./Varoma/Stufe 1 einkochen. Währenddessen Backofen auf 180 °C Ober-/Unterhitze vorheizen.
7. Shakshuka auf 4 Schälchen verteilen, mit einem Löffelrücken je 1 Mulde hineindrücken und je 1 Ei darin verteilen.
8. Shakshuka mit dem Ei nun noch ca. 16–18 Minuten backen, bis die Eier stocken.
9. Petersilie auf der Shakshuka verteilen und mit je 1 EL Joghurt servieren.

# Brot & Brötchen

*Dieser Duft von selbst gebackenem Brot soll dir ein Lächeln auf die Lippen zaubern.*

# Brainfood-Brot

1 Brot à 1 kg

## ZUTATEN

**Quellstück**
40 g Sonnenblumenkerne
20 g Leinsamen
70 g Walnüsse
50 g Haferflocken
180 g heißes Wasser, z. B. Modus „Wasser erhitzen"

**Hauptteig**
100 g Karotten, in Stücken
270 g Wasser, kalt
20 g Hefe, frisch oder 1 Pkg. Trockenhefe à 7 g
220 g Weizenmehl 700 (DE 550)
130 g Dinkelmehl 700 (DE 630)
110 g Roggenmehl 960 (DE 1150)
1 EL Roggensauerteig, getrocknet, optional
30 g Walnussöl, optional Olivenöl
18 g Salz
2 TL Brotgewürz
4 TL Flohsamenschalen

## ZUBEREITUNG

1 Stell für das Quellstück eine Schüssel auf den Mixtopfdeckel und wiege die Sonnenblumenkerne, Leinsamen, Walnüsse und Haferflocken ein. Gieße das heiße Wasser zu den trockenen Zutaten und verrühre alles gut. Masse ca. 1 Stunde quellen lassen.

2 Wenn das Quellstück fertig ist, Karotten in den Mixtopf geben und 5 Sek./Stufe 5 zerkleinern. Mit dem Spatel nach unten schieben.

3 Kaltes Wasser, Hefe, Weizen-, Dinkel- sowie Roggenmehl, Sauerteig und Walnussöl zugeben, 30 Sek./Stufe 5 alles vermischen.

4 Quellstück, Salz, Brotgewürz und Flohsamenschalen zugeben und alles für 2 Min./Teigmodus kneten. Den Teig in eine gefettete Schüssel umfüllen und für 1 Stunde bei Zimmertemperatur gehen lassen. Eine Kastenform (30 cm) fetten und Boden beliebig bestreuen (z. B. Haferflocken, Sonnenblumenkerne, Leinsamen).

5 Gib den Teig nun auf eine bemehlte Arbeitsfläche, optional WunderMat, knete den Teig ordentlich durch, forme eine Kugel, drücke diese flach und bemehle sie genügend.

6 Schleife die Teigkugel nun rund und gib sie mit dem Schluss nach oben in die vorbereitete Kastenform. Bemehle die Oberfläche nochmal etwas, schneide das Brot der Länge nach mit einem Bäckermesser ein, optional WunderStyler Compact, lass den Brotteig an einem zimmerwarmen Ort nochmal 10 Minuten gehen. Währenddessen Backofen auf 210 °C Heißluft vorheizen.

7 Backe das Brot ca. 45–50 Minuten im heißen Backofen. Bevor es dir zu dunkel wird, decke es mit einem Backpapierbogen ab.

### *Tipp*

Falls du das Quellstück nicht gleich verwenden möchtest, stelle es einfach nach dem Abkühlen in den Kühlschrank und brauche es innerhalb von 3 Tagen auf.

Lass das Powerbrot auf einem Kuchengitter völlig abkühlen, bevor du es anschneidest und servierst.

www.wunderstyler.de

# Dinkel-Buttermilch-Kruste

1 Laib Brot à 1,4 kg

## ZUTATEN

300 g Wasser
220 g Buttermilch
20 g Hefe, frisch
1 TL Honig
600 g Dinkelmehl 700 (DE 550)
280 g Roggenmehl 960 (DE 1150)
22 g Salz
2 TL Brotgewürz

## ZUBEREITUNG

1 Ein Gärkörbchen bemehlen und ein Backblech mit Backpapier belegen.

2 Wasser, Buttermilch, Hefe und Honig in den Mixtopf geben, 2 Min./37 °C/ Stufe 2 erwärmen.

3 Die restlichen Zutaten zugeben und den Teig 4 Min./Teigmodus kneten.

4 Den Teig auf eine leicht bemehlte Teigmatte, optional WunderMat, geben und mehrmals falten, zu einem Laib formen, in das vorbereitete Gärkörbchen geben und zugedeckt an einem warmen Ort für ca. 1 Stunde gehen lassen. Das Volumen soll sich verdoppeln.

5 Gegen Ende der Gehzeit Backofen auf 210 °C Heißluft vorheizen.

6 Teig aus dem Körbchen auf das vorbereitete Backblech stürzen.

7 Das Brot ca. 50 Min. backen. Nach dem Backen auf ein Kuchengitter stürzen und abkühlen lassen.

### *Tipp*

Klopftest: Drehe das Brot vorsichtig um und klopfe mit dem Zeigefingerknöchel auf die Unterseite. Hört sich das Klopfen hohl an, so ist dein Brot durchgebacken.

Verwende im Idealfall einen Ofen mit Dampffunktion, ansonsten würde ich dir empfehlen zu schwaden.

Schwaden: ½ Tasse kaltes Wasser, eventuell sogar Eiswürfel, in den heißen Ofen gießen, Brot reinschieben und Tür sofort verschließen.

Schneide das Brot in Scheiben, portioniere diese in Gefrierbeutel und friere sie ein. So hast du immer schnell ein paar Scheiben Brot auf Lager.

# Körndl-Brötchen mit Käse-Kern

superschnell – ohne Gehzeit • 10 Brötchen à 130 g

## ZUTATEN

300 g Dinkelkörner
350 g Wasser
150 g Joghurt
20 g Hefe, frisch
1 TL Honig
200 g Weizenmehl 480 (DE 405)
200 g Dinkelmehl 700 (DE 630)
2 TL Backpulver
50 g Sonnenblumenkerne
40 g Haferflocken, zart
25 g Leinsamen
20 g Salz
10 Käsewürfel, ca. 2 cm dick

## ZUBEREITUNG

1 Eine Steinform einfetten, optional ein Backblech mit Backpapier belegen.

2 Dinkelkörner in den Mixtopf geben und 1 Min./Stufe 10 mahlen. In eine Schüssel umfüllen.

3 Wasser, Joghurt, Hefe und Honig in den Mixtopf geben und 1 Min. 30 Sek./37 °C/Stufe 2 erwärmen. Mehle, Backpulver, Sonnenblumenkerne, Haferflocken, Leinsamen und Salz zugeben und für 3 Min./Teigmodus kneten.

4 Aus dem Teig mit bemehlten Händen 10 Teiglinge portionieren, flach drücken und je mit 1 Käsewürfel füllen. Brötchen rundschleifen, auf die vorbereitete Steingutform oder auf das vorbereitete Backblech geben, 10 Min. entspannen lassen und währenddessen den Backofen auf 210 °C Heißluft vorheizen.

5 Die Brötchen ca. 20 Minuten backen. Die fertigen Brötchen auf einem Kuchengitter abkühlen lassen und servieren.

### *Tipp*

Die Brötchen eignen sich super zum Einfrieren. Bei Bedarf einfach kurz aufbacken (ca. 10 Min.). Serviere die Brötchen doch mit einem meiner Aufstriche & Dips.

# Emmer-Nuss-Brötchen „über Nacht“

perfekte Frühstücksbrötchen • 10 Brötchen à 95 g

## ZUTATEN

200 g Emmer, ganze Körner
300 g Dinkelmehl 700 (DE 630)
20 g Hefe, frisch
380 g Wasser, handwarm
80 g Walnusshälften
2 TL Salz

## ZUBEREITUNG

1 Eine Schüssel mit Pflanzenöl fetten.

2 Emmer in den Mixtopf geben und 1 Min./Stufe 10 mahlen.

3 Mehl, Hefe, Wasser, Walnüsse und Salz zugeben 3 Min./Teigmodus kneten. Den Teig in die vorbereitete Schüssel geben, verschließen und mindestens 10 Stunden, am besten über Nacht, im Kühlschrank gehen lassen.

4 Backofen auf 210 °C Heißluft vorheizen. Ein Backblech mit Backpapier auslegen.

5 Teig aus dem Kühlschrank nehmen, Oberfläche leicht bemehlen und mit einem Esslöffel 10 Teigportionen abstechen. Die Teiglinge auf das vorbereitete Backblech legen und im vorgeheizten Backofen ca. 20 Minuten backen. Die Brötchen auf einem Kuchengitter abkühlen lassen und servieren.

### *Tipp*

Die Brötchen sind super zum Einfrieren geeignet. Bei Bedarf Brötchen aus dem Gefrierfach nehmen und ca. 8 Min. aufbacken. Du kannst sie auch einfach am Vorabend aus dem Tiefkühler an einen zimmerwarmen Ort legen und am nächsten Tag in die Brotdose geben, ins Büro oder in die Schule mitnehmen.

Den ganzen Teig in eine gefettete Kastenform geben und für ca. 40 Min. backen. So kannst du auch ein leckeres Brot aus diesem Teig zaubern.

# Knusprige Kornstangen

15 Portionen à 95 g

## ZUTATEN

**Quellstück**
45 g Dinkelkörner
45 g Roggenkörner
30 g Vollkorn-Paniermehl
40 g Leinsamen
30 g Sesam
60 g Haferflocken
460 g Wasser

**Teig**
160 g Wasser, kalt
15 g frische Hefe
300 g Weizenmehl 700 (DE 550)
250 g Dinkelmehl 700 (DE 630)
20 g Dinkelsauerteig, getrocknet, optional
1 TL Honig
20 g Butter, kalt, in Stücken
16 g Salz
Sesam und grobes Salz, zum Bestreuen

## ZUBEREITUNG

1 Dinkelkörner in den Mixtopf geben und 45 Sek./Stufe 10 mahlen, optional Miximizer einsetzen. Roggenkörner zugeben, optional Miximizer einsetzen und 30 Sek./Stufe 8 schroten.

2 Vollkorn-Paniermehl, Leinsamen, Sesam, Haferflocken und Wasser in den Mixtopf zugeben und 3 Min./95 °C/Linkslauf/Stufe 2 erwärmen.

3 Das Quellstück in eine flache, längliche Schüssel umfüllen, verschließen und ca. 30 Min. abkühlen lassen. Danach mind. 1 Stunde im Kühlschrank quellen lassen. Mixtopf spülen. Nach der Quellzeit mit dem Rezept fortfahren.

4 Eine Schüssel mit etwas Ol fetten. 2 Backbleche mit Backpapier belegen. Sesam und Salz in eine Schüssel geben und vermischen.

5 Quellstück und Wasser in den Mixtopf geben, 5 Sek./Stufe 3 vermischen.

6 Hefe, Weizenmehl, Dinkelmehl, Dinkelsauerteig, Honig, Butter und Salz zugeben und nun für 5 Min./Teigmodus kneten.

7 Den Teig in die gefettete Schüssel geben und abgedeckt 45 Minuten bei Zimmertemperatur gehen lassen.

8 Den Teig auf eine gut bemehlte Arbeitsfläche, optional WunderMat, geben und in 15 Teiglinge (à 95 g) portionieren. Wenn du lieber 3 Baguette backen möchtest, wiege dazu 3 Teiglinge à 490 g ab.

9 Die Teiglinge rundschleifen, bemehlen, mit einem sauberen Geschirrtuch abdecken und nochmal 30 Minuten entspannen lassen.

10 Teiglinge länglich-oval ausrollen, optional RollPro verwenden, oder zu 3 Baguette formen. Das Oval von oben nach unten aufrollen, dabei den Teig mit einer Hand etwas in die Länge ziehen und mit der anderen Hand aufrollen. Die Stangen auf die vorbereiteten Backblecke legen, mit Wasser besprühen, die Sesam-Salz-Mischung darüber streuen und zugedeckt noch einmal 35 Minuten gehen lassen. Gegen Ende der Gehzeit Backrohr auf 210 °C Heißluft vorheizen.

11 Die Kornstangen im heißen Ofen ca. 20 Minuten (Baguette ca. 30 Min.) backen, auf einem Kuchengitter abkühlen lassen und genießen.

### *Tipp*

Diese knusprigen Kornstangen kannst du einfrieren und so hast du bei Bedarf dein selbst gebackenes Gebäck zur Hand.

Verwende für dein Baguette am besten ein Baguetteblech.

www.rollpro.de

https://amzn.to/44iwWcW

# Vitamingeladene Dinkelbrötchen

Übernachtgare • 12 Brötchen à 100 g

## ZUTATEN

80 g Walnüsse
120 g Dinkelkörner
120 g Karotten, in Stücken
1 großer Apfel, entkernt, geviertelt
180 g Wasser, kalt
50 g Orangensaft, frisch gepresst
40 g Honig
5 g Hefe, frisch
500 g Dinkelmehl 700 (DE 630)
2 TL Salz
40 g Walnussöl, etwas mehr zum Einfetten

## ZUBEREITUNG

1 Eine Schüssel mit etwas Walnussöl einfetten.

2 Walnüsse in den Mixtopf geben 1 Sek./ Turbo grob hacken. In eine Schüssel umfüllen.

3 Dinkelkörner in den Mixtopf geben, optional Miximizer einsetzen, 1 Min./ Stufe 10 mahlen. Miximizer entfernen, mit der Hand an den Mixtopf klopfen, damit alles auf den Mixtopfboden fällt.

4 Karotten und Äpfel zugeben und 4 Sek./Stufe 5 zerkleinern.

5 Wasser, Orangensaft, Honig, Hefe, Mehl, gehackte Walnüsse, Salz und das Walnussöl in den Mixtopf zugeben und 2 Min./Teigmodus zu einem weichen Teig kneten.

6 Den Teig in die vorbereitete Schüssel füllen, mit einem Deckel verschließen und 30 Min. an einem warmen Ort gehen lassen. Nun den Teig falten (siehe Tipp), wieder zu einer Kugel formen, in die Schüssel zurückgeben und erneut 30 Min. an einem warmen Ort gehen lassen.

7 Anschließend die zugedeckte Schüssel für mind. 8 Stunden, am besten über Nacht, in den Kühlschrank stellen (ca. 7 °C).

8 Belege 2 Backbleche mit Backpapier. Den Teig nach der Gehzeit aus dem Kühlschrank nehmen, 30 Min. bei Zimmertemperatur anspringen lassen und auf eine bemehlte Teigmatte, optional WunderMat, geben.

9 Portioniere 12 Teiglinge (à ca. 100 g). Schleife die Teiglinge rund, dabei immer wieder gut bemehlen, denn der Teig ist etwas weich und klebrig; das soll auch so sein.

10 Gib je 6 Brötchen auf eines der vorbereiteten Backbleche, bestaube sie mit Mehl und lass sie nochmal 10 Minuten bei Zimmertemperatur gehen. Währenddessen Backofen auf 210 °C Heißluft vorheizen.

11 Schiebe die Weckerl in den vorgeheizten Backofen und backe sie für ca. 16 Min. im vorgeheizten Backofen. Brötchen auf einem Kuchengitter auskühlen und servieren.

## *Tipp*

Teig falten: Damit gibst du dem Teig mehr Spannung. Befeuchte dafür deine Hände mit kaltem Wasser und nimm den Teig mit beiden Händen an einer Seite, dehne ihn und falte ihn dann bis zur Mitte. Nimm dann den Teig an der gegenüberliegenden Seite und wiederhole den Vorgang. Anschließend drehst du die Schüssel im Uhrzeigersinn um 90 Grad und wiederholst den Vorgang mit den beiden übrigen Seiten.

Die Brötchen sind super zum Einfrieren geeignet. Bei Bedarf Brötchen aus dem Gefrierfach nehmen und ca. 8 Min. aufbacken. Du kannst sie auch einfach am Vorabend aus dem Tiefkühler an einen zimmerwarmen Ort legen und am nächsten Tag in die Brotdose geben, ins Büro oder in die Schule mitnehmen.

# Käse-Nuss-Stangen

inkl. süßer Varianten • ca. 16 Stück

## ZUTATEN

80 g Haselnüsse
100 g Bergkäse, in Stücken
200 g Milch
100 g Wasser
20 g Hefe, frisch
1 TL Honig
50 g weiche Butter, in Stücken
250 g Weizenmehl 700 (DE 550)
250 g Dinkelmehl 700 (DE 630)
15 g Salz
1 Ei, verquirlt mit 1 EL Milch
2 TL grobes Salz, zum Bestreuen

## ZUBEREITUNG

1. Eine Schüssel mit etwas Pflanzenöl einfetten. 2 Backbleche mit Backpapier belegen. Haselnüsse und Käse in den Mixtopf geben, 10 Sek./Stufe 6 zerkleinern und in eine Schüssel umfüllen.
2. Milch, Wasser, Hefe und Honig in den Mixtopf geben und 2 Min./37 °C/Stufe 2 erwärmen.
3. Butter, Mehle und Salz zugeben und für 2 Min./Teigmodus kneten. Den Teig in die vorbereitete Schüssel geben, eine Kugel formen und zugedeckt ca. 40 Min. gehen lassen.
4. 10 Min. vor Ende der Gehzeit Backofen auf 200 °C Heißluft vorheizen.
5. Den Teig halbieren und jede Hälfte zu einer Kugel formen. Jede Kugel auf einer bemehlten Arbeitsfläche, optional WunderMat, zu einem Rechteck ausrollen und mit etwas verquirlter Ei-Milch-Mischung bestreichen (1 cm Rand lassen).
6. Die untere Hälfte bis zur Mitte mit der Hälfte der Nuss-Käse-Mischung bestreuen (1 cm Rand lassen), die obere Hälfte darüber schlagen und gut festdrücken.
7. Teigplatte in ca. 2 cm breite Streifen schneiden, sodass ca. 30 cm lange Streifen entstehen. Diese spiralförmig drehen und auf die vorbereiteten Backbleche legen.
8. Mit der 2. Teigkugel gleich verfahren und die Stangen nochmal 10 Minuten gehen lassen. Stangen ebenfalls mit der Ei-Milch-Mischung bestreichen und mit 1 TL grobem Salz bestreuen.
9. Anschließend beide Backbleche in den Ofen schieben und 15–20 Minuten goldgelb backen. Käse-Nuss-Stangen abkühlen lassen und servieren.

### *Tipp*

Die Nüsse kannst du z. B. durch Speckwürfel, Kräuter, Oliven u. v. m. ersetzen.

Für eine süße Variante verwende einfach Marmelade, Schokoaufstrich, eine gehackte Schoko-Nuss-Mischung oder eine Zimt-Zucker-Nuss-Mischung; lass dabei auch das grobe Salz einfach weg.

# Aufstriche & Dips

*Dip, Dip, HURRA!*

# Dattel-Curry-Aufstrich mit Feta

1 Portion à 500 g

## ZUTATEN

100 g Datteln, entsteint
2 Knoblauchzehen
150 g Feta
100 g Frischkäse
100 g Topfen/Quark, 20 % Fett
50 g saure Sahne
2 TL Curry
1 TL Salz
2 Prisen Cayennepfeffer

## ZUBEREITUNG

1. Datteln und Knoblauch in den Mixtopf geben, 7 Sek./Stufe 9 zerkleinern. Alles mit dem Spatel nach unten schieben.
2. Feta, Frischkäse, Topfen, saure Sahne, Curry, Salz sowie Cayennepfeffer zugeben und für 20 Sek./Stufe 4.5 vermischen. Den Aufstrich abschmecken, umfüllen und servieren.

### *Tipp*

Passt hervorragend zu Gemüsesticks, Grissini, Brötchen, beim Grillen zu Fleisch und z. B. zu meinen unwiderstehlichen Brokkoli-Chips.

# Ampel-Hummus-Dreierlei

3 Portionen Hummus

## ZUTATEN

**Rote Bete**

1 Dose Kichererbsen (Abtropfgewicht 265 g), abgetropft (siehe Tipp)
180 g Rote Bete, vorgekocht, geschält, in Stücken
1 Knoblauchzehe
50 g Olivenöl
10 g Zitronensaft, frisch gepresst
50 g Tahin
1 TL Salz
1 Prise Pfeffer

**Kürbis**

40 g Olivenöl
250 g Hokkaido-Kürbis, in Stücken
1 Zwiebel, geachtelt
10 g Ahornsirup
1 TL Cumin, gemahlen
100 g Tahin
1 Dose Kichererbsen (Abtropfgewicht 265 g), abgetropft
1 ½ TL Salz
2 Prisen Pfeffer
30 g Zitronensaft, frisch gepresst

**Avocado**

30 g Avocadoöl, optional Olivenöl
1 Avocado, entkernt, geschält, in Stücken
2 Knoblauchzehen, halbiert
1 Dose Kichererbsen (Abtropfgewicht 265 g), abgetropft
35 g Tahin
1 TL Cumin, gemahlen
1 TL Salz
2 Prisen Pfeffer
30 g Zitronensaft, frisch gepresst
5 Stängel frische Petersilie, Blättchen abgezupft
3–5 Blätter frische Minze, optional

## ZUBEREITUNG

**Rote Bete**

1. Kichererbsen, Rote Bete, Knoblauch, Olivenöl, Zitronensaft, Tahin, Salz und Pfeffer in den Mixtopf geben und 1 Min./Stufe 6 pürieren. Hummus in einer kleinen Schüssel anrichten.

**Kürbis**

1. Öl, Kürbis, Zwiebel, Ahornsirup und Cumin in den Mixtopf geben, 5 Sek./Stufe 5 zerkleinern. Mit dem Spatel nach unten schieben, Spritzschutz auf den Mixtopfdeckel setzen und 6 Min./Varoma/Stufe 2 anbraten.
2. Messbecher einsetzen, 7 Sek./Stufe 5 pürieren. Mit dem Spatel nach unten schieben. Deckel abnehmen und 10 Min. auskühlen lassen.
3. Kichererbsen, Tahin, Salz, Pfeffer und Zitronensaft zugeben und 1 Min./Stufe 6 pürieren. Hummus abschmecken und warm oder kalt servieren.

**Avocado**

1. Alle Zutaten in den Mixtopf geben, 15 Sek./Stufe 10 zerkleinern. Mit dem Spatel nach unten schieben.
2. Nochmal 20 Sek./Stufe 6 pürieren. Grünen Hummus abschmecken und als Beilage oder Dip servieren.

### *Tipp*

Probiere mit dem Abtropfwasser der Kichererbsen doch auch gleich mein veganes Schokomousse aus.

# Mango-Tomaten-Chutney

4 Schraubgläser à 250 g

## ZUTATEN

2 Knoblauchzehen
10 g Ingwer, geschält, in dünnen Scheiben, optional
1 kleine Chilischote, entkernt, in Stücken
150 g rote Zwiebel, halbiert
100 g Rohrzucker
1–2 Mangos, ca. 350 g Fruchtfleisch
70 g weißer Balsamico
400 g reife Tomaten, in Stücken
1 TL Salz
1 Prise Pfeffer

## ZUBEREITUNG

1 Knoblauch, Ingwer und Chili in den Mixtopf geben, optional Miximizer einsetzen, und für 3 Sek./Stufe 8 zerkleinern. Mit dem Spatel nach unten schieben.

2 Zwiebel zugeben, 4 Sek./Stufe 5 zerkleinern und mit dem Spatel nach unten schieben. Miximizer wieder entfernen.

3 Rohrzucker zugeben, optional Mixtaste, ansonsten Garkörbchen als Spritzschutz aufsetzen und 6 Min./100 °C/Linkslauf/Stufe 1 erwärmen.

4 Mango, Balsamico, Tomaten, Salz und Pfeffer zugeben, optional Mixtaste, ansonsten Garkörbchen anstelle des Messbechers aufsetzen, Chutney 45 Min./100 °C/Stufe 1 einkochen.

5 Währenddessen die Gläser zum Abfüllen vorbereiten (siehe Tipp).

6 Gareinsatz bzw. Mixtaste zur Seite stellen, Messbecher einsetzen und 10 Sek./Stufe 3.5 vermischen.

7 Das Mango-Tomaten-Chutney in 4 sterile Gläser füllen, sofort verschließen und vollständig abkühlen lassen. Das Chutney kalt lagern oder gleich nach Bedarf verwenden.

### *Tipp*

Dieses Chutney eignet sich perfekt zu rotem Fleisch (z. B. Steak), zur Käseplatte oder zum Raclette.

Kühl und trocken gelagert hält es Monate. Also schon mal fürs Weihnachtsraclette die frischen Tomaten vom Sommer verarbeiten.

Sterile Gläser: Wasche deine Gläser heiß aus und trockne sie dann im vorgeheizten Backofen bei 100 °C Ober-/Unterhitze für ca. 20 Min. Die Deckel gibst du nicht in den Ofen, sondern legst diese nur für ca. 10 Min. in heißes Wasser. Trockne sie anschließend mit einem sauberen Tuch.

# Süßkartoffelbutter, vegan

3 Schraubgläser à 200 g

## ZUTATEN

450–500 g Süßkartoffel
100 g Cashewmus
1 TL Salz
2 Prisen Muskatnuss, gemahlen
1 Prise Cumin, gemahlen
2 Prisen Kurkuma
½ TL Zimt

## ZUBEREITUNG

1. Backofen auf 180 °C Ober-/Unterhitze vorheizen, Backblech mit Backpapier belegen.
2. Die Süßkartoffeln waschen, mit einer Gabel mehrmals einstechen, auf das vorbereitete Backblech legen und für ca. 25 Minuten (je nach Größe) backen.
3. Die Süßkartoffeln aus dem Backofen nehmen, halbieren und vorsichtig, weil heiß, die Schale abziehen.
4. Die Süßkartoffeln nun in Stücke schneiden, 10 Min. auskühlen lassen.
5. Anschließend mit den restlichen Zutaten in den Mixtopf geben, optional Miximizer einsetzen, 40 Sek./Stufe 4–8 ansteigend pürieren. Mit dem Spatel nach unten schieben, die Butter abschmecken und ggf. nachwürzen.
6. Nun erneut 15 Sek./Stufe 5 mixen, ggf. nochmal wiederholen, bis eine cremige Textur entsteht.
7. Die gewürzte Süßkartoffelbutter in sterile Gläser (siehe Tipp) füllen und im Kühlschrank lagern oder gleich zu Steak & Co servieren.

### *Tipp*

Im Kühlschrank hält sich die Süßkartoffelbutter ungeöffnet 1 ½ Wochen. Sobald sie geöffnet ist, innerhalb von 3 Tagen verbrauchen. Verwende besser kleine Gläser und friere diese ein, so hast du immer etwas Süßkartoffelbutter auf Vorrat.

Die Süßkartoffelbutter eignet sich auch perfekt als veganer Dip für Gemüsesticks, Baguette, Nachos oder Grissini.

Sterile Gläser: Wasche deine Gläser heiß aus und trockne sie dann im vorgeheizten Backofen bei 100 °C Ober-/Unterhitze für ca. 20 Min. Die Deckel gibst du nicht in den Ofen, sondern legst diese nur für ca. 10 Min. in heißes Wasser. Trockne sie anschließend mit einem sauberen Tuch.

# Beeren-Chia-Marmelade

3 Schraubgläser à 200 g

Die kleinen schwarz-weißen Samen sind nicht nur reich an Ballaststoffen, Omega-3-Fettsäuren und Antioxidantien, sondern ihnen wird auch nachgesagt, dass sie eine gesunde Verdauung unterstützen, lange satt halten, den Blutzuckerspiegel stabilisieren und die Herzgesundheit positiv beeinflussen.

Chiasamen sind also kleine Kraftpakete, somit ist meine Beeren-Chia-Marmelade eine gesunde, leckere Alternative zu herkömmlicher Marmelade, ganz ohne Gelierzucker.

## ZUTATEN

500 g Beeren, frisch oder TK, angetaut
50 g Orangensaft, frisch gepresst
20 g Zitronensaft
1 EL Vanilleextrakt
2 TL Orangenzucker (siehe Basisrezepte)
½ TL gemahlene Vanille
30 g Chiasamen

## ZUBEREITUNG

1. Beeren in den Mixtopf geben, 8 Sek./Stufe 5 zerkleinern und mit dem Spatel nach unten schieben.
2. Orangensaft, Zitronensaft, Vanilleextrakt, Orangenzucker und gemahlene Vanille zugeben, Varoma ohne Deckel anstelle des Messbechers als Überkochschutz aufsetzen und alles für 13 Min./100 °C/Stufe 2 köcheln.
3. Chiasamen zugeben und 30 Sek./Linkslauf/Stufe 3 vermischen. Die Marmelade nun in eine Schüssel umfüllen und für ca. 30 Min. im Kühlschrank quellen lassen.
4. Marmelade nun entweder gleich servieren oder in sterile Gläser (siehe Tipp) umfüllen und verschließen. Die Beeren-Chia-Marmelade ist im Kühlschrank ca. 5 Tage haltbar (siehe Tipp).

### *Tipp*

Sterile Gläser: Wasche deine Gläser heiß aus und trockne sie dann im vorgeheizten Backofen bei 100 °C Ober-/Unterhitze für ca. 20 Min. Die Deckel gibst du nicht in den Ofen, sondern legst diese nur für ca. 10 Min. in heißes Wasser. Trockne sie anschließend mit einem sauberen Tuch.

Wenn du die Marmelade auf Vorrat immer parat haben möchtest, kannst du sie auch in Gläsern einfrieren und bei Bedarf einfach früh genug aus dem Gefrierfach nehmen.

Du kannst sie auch in einer Eiswürfelform portioniert einfrieren und immer nur die Menge entnehmen, die du gerade frisch benötigst. Dann einfach ca. 40 Minuten bei Zimmertemperatur auftauen lassen.

Du kannst die Beeren auch durch Obst deiner Wahl ersetzen, z. B. Kirschen, Marillen etc.

Verwende die Marmelade gleich für meine leckeren Beeren-Vanilleröllchen.

## Avocado-Schoko-Aufstrich

2 Schraubgläser à 200 g

## ZUTATEN

2 reife Avocados, in Stücken, ca. 200 g
40 g Ahornsirup
100 g Pflanzenmilch, z. B. Haferdrink (siehe Basisrezepte)
30 g Rohkakaopulver, ohne Zucker
1 EL Vanilleextrakt
25 g Cashewmus, optional Mandelmus

## ZUBEREITUNG

1 Alle Zutaten in den Mixtopf geben, optional Miximizer einsetzen, 30 Sek./Stufe 4 mischen.

2 Alles mit dem Spatel nach unten schieben, optional Miximizer einsetzen, 10 Sek./Stufe 5 zu einer homogenen Masse mixen.

3 Den Schokoaufstrich ca. 1 ½ Stunden kaltstellen.

4 Avocado-Schoko-Creme nach Belieben verwenden oder in sterile Gläser (siehe Tipp) umfüllen.

### *Tipp*

Der Aufstrich ist im Kühlschrank ca. 3 Tage haltbar, wenn er überhaupt so alt werden sollte.

Solltest du nicht meinen Haferdrink verwenden, dann gib noch 15 g Ahornsirup extra dazu, da in meinem Haferdrink auch Datteln für etwas Süße sorgen; die würde dir sonst fehlen.

Mit ein paar frischen Früchten getoppt, eignet sich diese Creme auch perfekt als kleines Dessert.

Sterile Gläser: Wasche deine Gläser heiß aus und trockne sie dann im vorgeheizten Backofen bei 100 °C Ober-/Unterhitze für ca. 20 Min. Die Deckel gibst du nicht in den Ofen, sondern legst diese nur für ca. 10 Min. in heißes Wasser. Trockne sie anschließend mit einem sauberen Tuch.

# Snacks & Energielieferanten

*So kommst du genussvoll durch den Tag!*

# Unwiderstehliche Brokkoli-Chips

2 Portionen

Ob als Beilage oder als Snack, auch low carb geeignet – diese Brokkoli-Chips mit Parmesan haben echt was drauf. Brokkoli ist sehr gesund, steckt voller guter Nährstoffe und liefert wichtige Vitamine.

## ZUTATEN

90 g Parmesan
50 g Olivenöl
2 Knoblauchzehen
½ TL Salz
2 Prisen Pfeffer, frisch gemahlen
500 g Wasser
1 Prise Salz
500 g Brokkoli, in Röschen geteilt

## ZUBEREITUNG

1. Parmesan in den Mixtopf geben, 7 Sek./Stufe 8 fein mahlen. In eine Schüssel umfüllen.
2. Olivenöl, Knoblauchzehen, Salz und Pfeffer in den Mixtopf geben, 4 Sek./Stufe 4.5 zerkleinern und vermischen. Marinade in eine Schüssel umfüllen und 30 Min. durchziehen lassen. Mixtopf spülen und im Rezept fortfahren.
3. Wasser und 1 Prise Salz in den Mixtopf geben, Varoma aufsetzen, Brokkoli einwiegen, Varoma verschließen und den Brokkoli 18 Min./Varoma/Stufe 2 vorgaren (nicht zu weich).
4. Gegen Ende des Dämpfens Backofen auf Ober-/Unterhitze 220 °C vorheizen und zwei Backbleche mit Backpapier belegen.
5. Varoma abnehmen, Brokkoli mit kaltem Wasser abschrecken, etwas trocken tupfen und mit Abstand auf die vorbereiteten Bleche legen. Mit einem Glasrücken nun die vorgegarten Brokkoliröschen, die noch etwas Biss haben, flachdrücken.
6. Die gequetschten Röschen mit der Marinade bestreichen, mit Parmesan bestreuen und nun im vorgeheizten Backrohr für ca. 18–20 Minuten backen.
7. Die Brokkoli-Chips warm oder kalt servieren, am besten mit meinem Dattel-Curry-Aufstrich mit Feta.

### *Tipp*

Diese köstlichen Brokkoli-Chips schmecken auch kalt sehr gut und eignen sich somit perfekt für die Brotdose, zum Mitnehmen ins Büro oder für den schnellen Hunger unterwegs. Mit gutem Gewissen snacken und den Körper mit der richtigen Energie versorgen.

# Pizzaschnecken

ca. 16 Schnecken

Kinder lieben sie, wir alle lieben sie: Pizzaschnecken! Egal ob warm oder kalt, sie eignen sich für jeden Alltagsmoment. Perfekt zum Mitnehmen, für unterwegs, ins Büro oder in die Brotdose. Einfach selbst gemacht.

## ZUTATEN

110 g Wasser
10 g Hefe
1 Prise Zucker
15 g Olivenöl
220 g Weizenmehl Typ 700 (DE 550)
½ TL Salz
150 g Cheddar, in Stücken
1 Zwiebel, halbiert
1–2 Knoblauchzehen
1 kleine Zucchini, optional
250 g Tomaten, in Stücken
1 TL Zucker
1 TL Salz
20 g Öl
200 g Rinderfaschiertes/Rinderhack, zerpflückt
1 Lorbeerblatt, getrocknet
Pizzagewürz zum Bestreuen

## ZUBEREITUNG

1 Wasser, Hefe und Zucker in den Mixtopf geben, 1 Min. 30 Sek./37 °C/Stufe 2 erwärmen.

2 Mehl, Öl und Salz zugeben und 3 Min./Teigmodus kneten.

3 Währenddessen eine große Schüssel mit etwas Öl einfetten. Den Teig nun in die vorbereitete Schüssel geben, Deckel verschließen und an einem warmen Ort 1 Stunde gehen lassen, bis sich das Volumen verdoppelt hat.

4 In der Zwischenzeit mit der Fülle fortfahren. Dafür den Cheddar in den Mixtopf geben und für 6 Sek./Stufe 8 zerkleinern. In eine Schüssel umfüllen, Mixtopf spülen und trocknen.

5 Zwiebel, Knoblauch, Zucchini, Tomaten, Zucker, Salz und Öl in den Mixtopf geben und alles für 6 Sek./Stufe 5 zerkleinern.

6 Mit dem Spatel nach unten schieben, optional Mixtaste, ansonsten Garkörbchen anstelle des Messbechers aufsetzen und 4 Min./100 °C/Stufe 1 dünsten.

7 Rinderfaschiertes, Pizzagewürz und Lorbeerblatt zugeben, optional Mixtaste, ansonsten Garkörbchen anstelle des Messbechers aufsetzen, weitere 5 Min./100 °C/Stufe 1 garen.

8 Entferne das Lorbeerblatt und vermische alles 5 Sek./Linkslauf/Stufe 3.5. In eine Schüssel umfüllen und auskühlen lassen (mind. 1 Stunde).

9 Backofen auf 220 °C Heißluft vorheizen und 2 Backbleche mit Backpapier belegen.

10 Teig auf eine bemehlte Arbeitsfläche, optional WunderMat, geben und rechteckig ausrollen (ca. 40 x 30 cm). Verteile die Füllung auf dem Teig und bestreue alles mit dem geriebenen Cheddar.

11 Den Teig nun über die lange Seite fest aufrollen, in 2–3 cm breite Stücke schneiden und auf die vorbereiteten Backbleche legen. Leicht flachdrücken, sodass die typische Schneckenform entsteht.

12 Backe die Pizzaschnecken für 12–15 Minuten im vorgeheizten Backofen.

13 Pizzaschnecken warm oder kalt servieren.

### *Tipp*

Diese Pizzaschnecken eignen sich perfekt, um etwas Gemüse im Snack zu verstecken. Statt der optionalen Zucchini kannst du auch jedes Gemüse deiner Wahl verwenden oder sogar eine Mischung (z. B. Karotte, Kürbis, Süßkartoffel, Sellerie). So bringst du auch noch eine Portion Vitamine unter – und das auch noch unsichtbar. Einfach ausprobieren!

# Gebackene Schokobanane im Schlafrock

8 Portionen

Diese Banane ist eine kleine Sünde wert! Im Sommer auch einfach am Grill zubereiten und so für den perfekten Abschluss sorgen. Passt immer.

## ZUTATEN

4 große Bananen, reif
100 g Schokolade, z. B. Sorte Alpenmilch
1 Packung Blätterteig
60 g Kochschokolade
5 g Rapsöl
1 Eigelb
1 EL Milch

## ZUBEREITUNG

1. Backofen auf 200 °C Ober-/Unterhitze vorheizen. 1 Backblech mit Backpapier belegen.
2. Die Bananen schälen und mit einem Messer in der Mitte ein längliches Stück herausschneiden.
3. Die Schokolade in kleine Stücke brechen und die Banane damit spicken.
4. Den Blätterteig ausrollen, der Länge nach in circa 2 cm dicke Streifen schneiden und leicht überlappend um die Bananen wickeln, bis sie komplett eingepackt sind, und auf das vorbereitete Backblech legen.
5. Eigelb mit der Milch verquirlen und den Teig gleichmäßig bestreichen.
6. Die Bananen im Schlafrock für ca. 20 Minuten im vorgeheizten Backrohr goldbraun backen.
7. Währenddessen Kochschokolade in den Mixtopf geben, 10 Sek./Stufe 8 zerkleinern und mit dem Spatel nach unten schieben.
8. Rapsöl zugeben, 3 Min./50 °C/Stufe 2 schmelzen und in eine Schüssel umfüllen.
9. Die Schokobananen aus dem Ofen nehmen, etwas abkühlen lassen und vor dem Servieren mit der geschmolzenen Schokolade dekorieren und mit etwas Staubzucker bestreuen.

### *Tipp*

Du kannst die Bananen auch schon mit der Schokolade gefüllt vorbereiten und im Kühlschrank aufbewahren. So musst du dann nur noch den Teig drum herumwickeln und dieser süße Snack ist noch schneller fertig.

# Fruchtschnitten

16 Riegel

## ZUTATEN

150 g Cashews, ungesalzen
70 g Haferflocken
160 g Datteln, weich, ohne Kern
170 g Trockenfrüchte deiner Wahl, z. B. Mango, Ananas, Apfelchips, Aprikosen, Pflaumen, Feigen
50 g Orangensaft
5 große eckige Oblaten, à 12 x 20 cm

## ZUBEREITUNG

1 Cashews und Haferflocken in den Mixtopf geben und 30 Sek./Stufe 9 zerkleinern.

2 Datteln, Trockenfrüchte sowie den Orangensaft zugeben und alles für 30 Min./Stufe 7 zerkleinern. Mit dem Spatel nach unten schieben und erneut 30 Sek./Stufe 7 zerkleinern.

3 Auflaufform (30 x 20 cm) mit Frischhaltefolie auslegen, sodass noch genügend Folie zum Abdecken übrig bleibt. Nuss-Hafer-Frucht-Masse in die Auflaufform drücken und glatt streichen. Dafür Teigschaber oder Tortenspatel etwas mit Wasser anfeuchten.

4 2 ½ Oblaten nebeneinander auf die Masse legen und etwas andrücken. Mithilfe der Folie umdrehen und wieder 2 ½ Oblaten drauflegen und etwas andrücken. Auf ein Brett legen, mit sauberer Folie abdecken, die Riegelmasse mit einem weiteren Brett etwas beschweren und mindestens 1 bis 2 Stunden trocknen lassen.

5 Nun die Platten mit einem scharfen Messer in 14 Riegel à 3 cm schneiden. Serviere die Riegel sofort oder verpacke sie zum Mitnehmen in Butterbrotpapier und bewahre sie in einer luftdicht verschließbaren Dose im Kühlschrank auf.

### *Tipp*

Die Fruchtriegel in einer luftdicht verschließbaren Dose im Kühlschrank aufbewahren und innerhalb einer Woche verbrauchen. Du kannst die Auflaufform deiner Wahl nutzen; die Fruchtmasse soll jedoch ca. 6 mm hoch sein.

# Pfannkuchen „die Besten“

6 Portionen bzw. 14 Pfannkuchen

## ZUTATEN

10 Schoko-Milch-Riegel, z. B. Kinder, in Stücken
350 g Milch
6 Eier
100 g Mineralwasser
325 g Dinkelmehl Typ 700 (DE 630)
1 Prise Salz
Butterschmalz zum Backen

## ZUBEREITUNG

1. Schoko-Milch-Riegel in den Mixtopf geben, 5 Sek./Stufe 5 zerkleinern, umfüllen und bis zur weiteren Verwendung kühl stellen.
2. Milch, Eier, Mineralwasser, Mehl und das Salz in den Mixtopf geben und 30 Sek./Stufe 5 zu einem glatten Teig rühren. Teig in eine Schüssel umfüllen und 15 Minuten stehen lassen.
3. Erwärme den Backofen auf 60 °C.
4. Eine Pfanne (26 cm) auf mittlere Hitze erwärmen, 1 TL Butterschmalz in die heiße Pfanne geben und schmelzen lassen. Nun etwas Pfannkuchenteig in die heiße Pfanne gießen und die Pfanne dabei so schwenken, dass sich der Teig über den gesamten Pfannenboden dünn verteilt. Backe den Teig auf der einen Seite hellbraun an, drehe ihn mit einem Pfannenwender um.
5. Gib bei 6 der Pfannkuchen 1–2 EL von dem zerkleinerten Schokoriegel auf den Pfannkuchen, lass ihn 1 Minute backen, klappe ihn einmal längs und einmal quer ein und backe ihn noch eine weitere Minute fertig. Gib die gefüllten Pfannkuchen in den vorgewärmten Backofen.
6. Die restlichen 8 Pfannkuchen auf einer Seite hellbraun backen, mit einem Pfannenwender umdrehen und auf der anderen Seite fertig backen. Gib bei Bedarf immer wieder etwas Butterschmalz in die Pfanne. Staple die Palatschinken, decke sie mit einem Geschirrtuch ab und halte sie im vorbereiteten Backofen warm.
7. Serviere die Palatschinken mit Marmelade, Staubzucker oder einer anderen Füllung deiner Wahl.

### *Tipp*

Ich rate dir, immer genug Pfannkuchen auf Vorrat zu machen, denn sie eignen sich als Frittaten geschnitten auch perfekt als Suppeneinlage. Du kannst sie auch, sowohl im Ganzen oder geschnitten, super auf Vorrat einfrieren. Daher sind in diesem Rezept nur 6 Portionen mit Schokolade gefüllt. Mach immer so viele mit Schokolade wie du benötigst, passe dazu einfach die Menge der Schokoriegel an.

# Blitz-Flammkuchen

4 Portionen

## ZUTATEN

4 Tortilla-Wraps, groß
1 rote Zwiebel
100 g Speck, in Streifen
200 g saure Sahne
½–¾ TL Salz
1 Prise Paprikapulver edelsüß
2 Prisen Pfeffer
8 Cocktailtomaten

## ZUBEREITUNG

1 Zwiebel mit einer Küchenreibe in 5 mm dicke Ringe hobeln.

2 Saure Sahne, Salz, Paprikapulver und Pfeffer in den Mixtopf geben und für 6 Sek./Stufe 4 verrühren.

3 Backofen auf 190 °C Ober-/Unterhitze vorheizen. 2 Backbleche mit Backpapier belegen.

4 Die Creme gleichmäßig auf die 4 Wraps aufteilen und verstreichen.

5 Jeden Wrap mit roten Zwiebelringen und Speckstreifen belegen, auf die vorbereiteten Bleche legen und im vorgeheizten Backrohr ca. 12 Minuten knusprig backen.

6 Währenddessen die Cocktailtomaten waschen, Strunk entfernen und halbieren.

7 Blitz-Flammkuchen aus dem Ofen nehmen, sofort mit den Tomaten garnieren und warm servieren.

### *Tipp*

Probiere auch andere Varianten aus, z. B. Kürbis-Speck, Birne-Gorgonzola, Ziegenkäse-Honig oder Schoko-Banane. Lass dafür einfach die pikante Creme weg und ersetze diese durch einen Schokoaufstrich deiner Wahl (z. B. *Nutella*) und belege ihn mit Bananenscheiben. Du kannst auch einfach Kochschokolade in den Mixtopf geben und für 10 Sek./Stufe 8 zerkleinern, mit dem Spatel nach unten schieben und 3 Min./50 °C/Stufe 2 schmelzen.

# Energiebällchen für Groß & Klein

30 Kugeln

## ZUTATEN FÜR DIE GROSSEN

80 g Haferflocken
40 g Walnüsse
40 g Mandeln, geröstet, ohne Salz
80 g Datteln
40 g Cranberrys
1 Prise Zimt
1 Prise Salz
50 g Espresso, abgekühlt
20 g Mandelmus
10 g Backkakao
4 EL Kokosette, zum Wälzen, alternativ Backkakao, Hanfsamen, Streusel, Krokant etc.

## ZUBEREITUNG

1 Walnüsse, Mandeln und Haferflocken in den Mixtopf geben und 15 Sek./Stufe 9 zerkleinern. Mit dem Spatel nach unten schieben.

2 Datteln, Cranberrys, Espresso, Salz, Zimt, Mandelmus und Backkakao zugeben und alles für 15 Sek./Stufe 8 zerkleinern. Masse in eine Schüssel umfüllen und daraus 30 kleine Kugeln formen. 4 EL Backkakao mit 1 EL Staubzucker in einer Schüssel vermischen. Die Bällchen darin wälzen, sofort servieren oder im Kühlschrank aufbewahren.

Für die Kleinen einfach Folgendes ersetzen:
Walnüsse durch Cashewkerne
Cranberrys durch Aprikosen, Feigen oder Ananas, getrocknet
Espresso durch einen Fruchtsaft nach Wahl, Direktsaft, z. B. Orange
Gewälzt werden die Balls für die Kleinen in 3 EL Backkakao + 1 EL Vanillezucker (siehe Basisrezepte).

## Power Snickers

Ca. 20 Portionen

Nüsse, Trockenfrüchte und Kokosöl. Gute Gründe, um diesen Energiesnack auszuprobieren. Sie liefern nicht nur gute Fette und wichtige Nährstoffe, nein, sie liefern lang anhaltende Energie. Einfach perfekt, wenn dich die Lust auf Süßes packt.

## ZUTATEN

**Boden**

200 g Cashewkerne
120 g Datteln, weich, ohne Kern
50 g Kokosöl

**Belag**

200 g Datteln, weich, ohne Kern
150 g Ananas, getrocknet
2 EL Orangensaft, frisch gepresst, optional
Wasser
1 EL Vanilleextrakt, optional
80 g Erdnussbutter, selbst gemacht (siehe Trinkfrühstück „to go")
1 Prise Salz

**Überzug**

25 g Mandeln
150 g Zartbitterschokolade, in Stücken
30 g Kokosöl
Salzflocken, optional

## ZUBEREITUNG

1 Mandeln in den Mixtopf geben und 1 Sek./Turbo hacken, umfüllen und beiseitestellen.

2 Cashewkerne, Datteln und Kokosöl in den Mixtopf geben, 30 Sek./Stufe 6 zerkleinern, in einer Auflaufform (ca. 18 x 22 x 5 cm) verteilen und mit dem Spatel gleichmäßig glatt streichen. Für ca. 30 Min. in den Kühlschrank stellen. Währenddessen den Belag zubereiten.

3 Für den Belag Datteln, Ananas, Orangensaft, Vanilleextrakt, Erdnussbutter und Salz in den Mixtopf geben und für 35 Sek./Stufe 5.5 miteinander vermischen. Die Fülle nun auf dem Boden verteilen und gleichmäßig glatt streichen. Mixtopf spülen und trocknen.

4 Für den Überzug Schokolade in den Mixtopf geben, 13 Sek./Stufe 8 zerkleinern und mit dem Spatel nach unten schieben. Kokosöl zugeben, 3 Min./50 °C/Stufe 2 schmelzen, auf der Fülle gleichmäßig verteilen. Den Schokoüberzug mit den gehackten Mandeln bestreuen und die ganze Masse 45 Min. in den Gefrierschrank geben.

5 Die Power Snickers in ca. 20 Stücke schneiden und gekühlt servieren. Rest im Kühlschrank oder im Gefrierschrank aufbewahren und eine halbe Stunde vor dem Servieren die gewünschte Menge entnehmen und bei Zimmertemperatur stehen lassen.

### *Tipp*

Wenn du keine weichen Datteln (z. B. Medjool, Sukary soft) verwendest, sondern eher feste Sorten (z. B. Deglet Noir), dann weiche die Datteln ca. 2 Stunden in Wasser ein und verwende 2 EL vom Einweichwasser statt des Orangensafts (Schritt 3).

Haltbarkeit: kühl gelagert ca. 3 Wochen, gefroren ca. 4 Wochen

# Suppen

*Bring Schwung in deinen Suppenalltag.*

# Fruchtige Kürbiscremesuppe mit Bulgur

mit selbst gemachter Kokosmilch • 5 Portionen

Eine fruchtige Suppe mit sättigender Einlage. Oft braucht es nicht mehr für eine gesunde und ausgewogene Mahlzeit. Eine Suppe steht auch schnell auf dem Tisch!

## ZUTATEN

1 Zwiebel, halbiert
50 g Butter, in Stücken
500 g Hokkaido-Kürbis, in Stücken
200 g Äpfel, entkernt, in Stücken
100 g Kartoffeln, in Stücken
400 g Kokosmilch oder 40 g Kokosmilch-Paste (siehe Basisrezepte)
350 g Wasser
2 TL Gewürzpaste
1 ½ TL Salz
2 TL Currypulver
1 TL Paprikapulver edelsüß
1 Prise Muskatnuss
1/2 TL Pfeffer
Saft ½ Bio-Zitrone, 15 g
150 g Bulgur
100 g Sahne
Kürbiskernöl zum Garnieren, optional

## ZUBEREITUNG

1. Zwiebel in den Mixtopf geben, 4 Sek./Stufe 5 zerkleinern und mit dem Spatel nach unten schieben.
2. Butter zugeben, optional Mixtaste statt Messbecher als Spritzschutz aufsetzen, ansonsten Gareinsatz, für 2 Min./120 °C/Stufe 1 andünsten.
3. Kürbis, Äpfel und Kartoffeln zugeben und für 5 Sek./Stufe 5 zerkleinern. Mit dem Spatel nach unten schieben. Optional Mixtaste, ansonsten Garkörbchen anstatt des Messbechers aufsetzen, weitere 3 Min./120 °C/Stufe 1 dünsten.
4. Kokosmilch, Wasser, Gewürzpaste, Curry und Paprika zugeben, mit dem Spatel vermischen. Gareinsatz einsetzen, Bulgur einwiegen und 20 Min./100 °C/Stufe 1 garen.
5. Gareinsatz mit dem Bulgur entnehmen, nutze dazu deinen TM-Spatel, warm halten.
6. Salz, Pfeffer, Muskatnuss, Sahne und Zitronensaft zugeben und 45 Sek./Stufe 5–9 ansteigend pürieren, abschmecken, auf Teller verteilen, mit je 2 EL Bulgur und Kürbiskernöl garniert servieren.

**Kokosmilch, selbst gemacht**

400 g Wasser
40 g Kokosmilch-Paste

Zutaten in den Mixtopf geben, 1 Min. 20 Sek./Stufe 10 mixen, bei Bedarf abseihen und statt Kokosmilch aus der Dose verwenden (Schritt 4).

# Kokos-Currysuppe mit Garnelen

mit selbst gemachter Kokosmilch • 5 Portionen

Wärmende Gewürze und Vitamine getoppt mit Garnelen. Egal ob zu Mittag oder am Abend – Suppe geht einfach immer!

## ZUTATEN

15 g Ingwer, frisch, dünne Scheiben
2 Knoblauchzehen
200 g Möhren, in Stücken
2 TL gelbe oder rote Currypaste, je nach gewünschtem Schärfegrad
1 TL Sesamöl, geröstet
1 TL Kreuzkümmel, gemahlen
2 Prisen Kurkuma, gemahlen
1 TL Salz
400 g Kokosmilch oder 40 g Kokosmilch-Paste (siehe Basisrezepte)
200 g Wasser
15 g Fischsoße
Saft ½ Bio-Limette
2 TL Gemüsepaste (siehe Basisrezepte)
300 g Garnelen, roh, geschält und entdarmt
Salz, Pfeffer

## ZUBEREITUNG

1 Ingwer, Knoblauch und Möhren in den Mixtopf geben, optional Miximizer einsetzen, alles für 5 Sek./Stufe 5 zerkleinern und mit dem Spatel nach unten schieben.

2 Sesamöl, Currypaste, Kreuzkümmel und Kurkuma zugeben und 6 Min./120 °C/Stufe 2 dünsten.

3 Kokosmilch, Wasser, Fischsoße, Limettensaft und Gemüsepaste zugeben, Varoma-Behälter aufsetzen, Garnelen einwiegen, mit Salz und Pfeffer würzen, Varoma verschließen und alles für 15 Min./Varoma/Stufe 1 garen.

4 Varoma absetzen, Messbecher einsetzen, Suppe 1 Min./Stufe 5–8 schrittweise ansteigend pürieren, auf 4 Teller verteilen, Garnelen darüber verteilen und servieren.

**Kokosmilch, selbst gemacht**
400 g Wasser
40 g Kokosmilch-Paste
Zutaten in den Mixtopf geben, 1 Min. 20 Sek./Stufe 10 mixen, bei Bedarf abseihen und statt Kokosmilch aus der Dose verwenden (Schritt 3).

### *Tipp*

Garniere die Suppe mit gehackten Chilis und/oder Erdnüssen. Das gibt der Suppe noch einen extra Kick. Passe jedoch das Rezept deinem gewünschten Schärfegrad an und lass ggf. etwas weg.

# Brokkoli-Käse-Suppe mit Schinkenbällchen

5 Portionen

## ZUTATEN

100 g Schinken, in Scheiben
100 g Knödelbrot (DE Semmelwürfel, altbacken)
1 kleine Zwiebel, ca. 40 g
80 g Butter
1 Ei
1 TL Salz
2 Prisen Pfeffer, frisch gemahlen
2 Prisen Muskat, gemahlen
200 g Gouda, in Stücken
150 g Parmesan, in Stücken
1 Zwiebel, halbiert
2 Knoblauchzehen
400 g Brokkoli, in Röschen
50 g Butter
450 g Wasser
2 TL Gemüsepaste
70 g Weißwein, optional Wasser
1 ½ TL Salz
2 Prisen Pfeffer
2 Prisen Muskatnuss, gerieben
150 g Milch
100 g Sahne

## ZUBEREITUNG

1. Schinken und Semmelwürfel in den Mixtopf geben und 8 Sek./Stufe 6 zerkleinern.
2. Zwiebel, 30 g Butter, Ei, ½ TL Salz, Pfeffer und Muskat zugeben und 10 Sek./Stufe 5 vermischen. In eine Schüssel umfüllen und Mixtopf dabei gut ausputzen.
3. Gouda und Parmesan in den Mixtopf geben, 10 Sek./Stufe 8 zerkleinern und in eine Schüssel umfüllen. Mixtopf gründlich spülen.
4. Zwiebel und Knoblauch in den Mixtopf geben und 4 Sek./Stufe 5 zerkleinern. Mit dem Spatel nach unten schieben. Butter zugeben und 1 Min. 30 Sek./120 °C/Stufe 2 andünsten, optional Mixtaste, ansonsten Garkörbchen statt des Messbechers aufsetzen.
5. Den Brokkoli zugeben, 5 Sek./Stufe 4 zerkleinern und 3 Min./120 °C/Linkslauf/Stufe 2 andünsten. Währenddessen Varoma-Behälter sowie den Einlegeboden mit etwas Butter einfetten, mit feuchten Händen aus dem Teig ca. 14 kleine Bällchen formen und im Varoma verteilen.
6. Wasser, Weißwein, Gemüsepaste und Gewürze zugeben, Varoma mit den Bällchen aufsetzen und 11 Min./Varoma/Stufe 1 Dampf garen. Varoma abnehmen.
7. Milch, Sahne sowie den zerkleinerten Käse zugeben, den Varoma wieder aufsetzen und nochmal 4 Min./Varoma/Stufe 1 fertig garen. Varoma verschlossen zur Seite stellen.
8. Optional Messbecher einsetzen und 30 Sek./Stufe 5–10 schrittweise ansteigend pürieren oder die Suppe einfach stückig lassen. Je nach Vorliebe. Die Suppe abschmecken, mit den Schinkenbällchen in tiefen Tellern anrichten und servieren.

### *Tipp*

Wenn du eine vegetarische Suppe möchtest, dann ersetze einfach den Schinken durch Hartkäse (Gouda, Emmentaler, Bergkäse etc.).

# Auberginen-Tomaten-Suppe

6 Portionen

Auberginen sind kalorienarm, unterstützen die Funktion der Leber und enthalten viele wichtige Mineralstoffe sowie Vitamine. Dank der enthaltenen Anthocyane – natürliche Pflanzenfarbstoffe – wirken sie positiv auf einen zu hohen Blutdruck und sind somit sehr gesund für unser Herz. Tomaten wirken ebenfalls positiv auf die Herzgesundheit und das enthaltene Lycopin hilft sogar, Krebserkrankungen vorzubeugen. Doch diese Suppe ist nicht nur gesund, sondern auch richtig lecker. Mehr Argumente braucht es, denke ich, nicht mehr.

## ZUTATEN

750 g Aubergine
etwas Salz
2 EL Olivenöl
1 rote Zwiebel, halbiert
2 Knoblauchzehen
30 g Olivenöl
750 g passierte Tomaten
250 g Wasser
400 g reife Cocktailtomaten, Strunk entfernt, halbiert
2 TL Gemüsepaste (siehe Basisrezepte)
1 ½ TL Garam Masala, optional selbst gemacht
1 TL Zucker
1 TL Salz
½ TL Pfeffer

## ZUBEREITUNG

1 Auberginen der Länge nach vierteln und in Scheiben schneiden (ca. 0,5 cm), mit Salz bestreuen und etwa 10 Minuten in Wasser ziehen lassen.

2 Zwiebel und Knoblauch in den Mixtopf geben, 4 Sek./Stufe 5 zerkleinern und mit dem Spatel nach unten schieben.

3 30 g Olivenöl zugeben und 3 Min./120 °C/Stufe 1 dünsten. Die Auberginen mit Küchenpapier etwas trocken tupfen.

4 ¾ von den Auberginen, passierte Tomaten, Wasser, Cocktailtomaten, Zucker, Salz, Pfeffer, Gemüsepaste und Garam Masala zugeben, optional Mixtaste, ansonsten Garkörbchen anstatt des Messbechers aufsetzten und 25 Min./100 °C/Stufe 1 kochen.

5 Inzwischen die restlichen Auberginen in einer Pfanne mit 2 EL Olivenöl anbraten.

6 Messbecher einsetzen, 30 Sek./Stufe 5–9 schrittweise ansteigend pürieren. Suppe abschmecken, mit gebratener Aubergine toppen und heiß servieren.

### *Tipp*

Serviere indisches Naan-Brot oder Chapati zur Suppe. Mach dir auch dein Garam Masala einfach selbst mit deinem Thermomix®.

Wenn du eine Cremesuppe möchtest, ersetze 150 g von dem Wasser durch Sahne.

**Garam Masala**

1 kleine Zimtstange
1 TL Bockshornklee, gemahlen
1 TL Cumin
½ TL Ingwer, gemahlen
2 EL Korianderkörner
1 EL Kümmel
1 TL schwarze Pfefferkörner
1 TL Chili, getrocknet
1 TL Kardamomsamen
½ TL Anis
1 TL Nelken
2 Lorbeerblätter, getrocknet

Alle Zutaten in den Mixtopf geben und für 3 Min./120 °C/Stufe 1 rösten. Anschließend die Gewürze für 1 Min. 40 Sek./Stufe 10 mahlen, optional Miximizer einsetzen. Garam Masala in einen luftdichten Behälter füllen. Kühl und trocken lagern.

# Käsesuppe mit Hackbällchen

5 Portionen

**ZUTATEN**

Suppe
160 g Gouda
110 g Parmesan
70 g Gorgonzola
1 Zwiebel, halbiert
1–2 Knoblauchzehen
80 g Butter
60 g Mehl
200 g Weißwein
550 g Rinderfond
130 g Wasser
100 g Milch
100 g Sahne
1 EL Gemüsepaste (siehe Basisrezepte)
2 Prisen Pfeffer
2 Prisen Muskatnuss, gerieben

Hackbällchen
1 Zwiebel, halbiert
3 Knoblauchzehen
20 g Olivenöl
450 g Rinderhackfleisch
45 g Paniermehl
1 Ei
1 ½ TL Salz
2 Prisen Pfeffer
30 g Tomatenmark
1 EL Senf

## ZUBEREITUNG

1 Für die Hackbällchen Zwiebel und Knoblauch in den Mixtopf geben, 3 Sek./Stufe 5 zerkleinern und mit dem Spatel nach unten schieben.

2 Öl zugeben, optional Mixtaste, ansonsten Garkörbchen anstatt des Messbechers aufsetzten und 3 Min./120 °C/Stufe 1 dünsten. Deckel abnehmen und ca. 10 Min. abkühlen lassen (siehe **Thermomix® Modi – kurz & knapp** – *Tipp Teig kneten*, S. 37).

3 Rinderhack, Paniermehl, Ei, Salz, Pfeffer, Tomatenmark und Senf zugeben, 30 Sek./Teigmodus vermischen. Aus der Mischung ca. 20 kleine Bällchen formen, im Varoma-Behälter und auf dem Einlegeboden verteilen und Varoma verschließen. Mixtopf gründlich spülen und trocknen.

4 Für die Käsesuppe Gouda, Parmesan und Gorgonzola in den Mixtopf geben und nun für 8 Sek./Stufe 7 zerkleinern. In eine Schüssel umfüllen. Mixtopf spülen.

5 Zwiebel in den Mixtopf geben, 3 Sek./Stufe 5 zerkleinern und mit dem Spatel nach unten schieben.

6 Butter und Mehl zugeben, optional Mixtaste, ansonsten Garkörbchen anstatt des Messbechers aufsetzten und 2 Min./100 °C/Stufe 2 dünsten.

7 Weißwein zugeben, ohne Messbecher, 3 Min./100 °C/Stufe 2 ablöschen.

8 Rinderfond, Wasser und Gemüsepaste zugeben, Varoma mit den Bällchen aufsetzen und für 15 Min./Varoma/Stufe 1 Dampf garen. Varoma verschlossen zur Seite stellen.

9 Pfeffer, Muskat, zerkleinerten Käse und Sahne in den Mixtopf zugeben, Varoma wieder aufsetzen und 4 Min./Varoma/Stufe 2 fertig garen.

10 Varoma zur Seite stellen, Messbecher einsetzen und die Käsesuppe 30 Sek./Stufe 5–10 schrittweise ansteigend pürieren. Suppe abschmecken, mit je 4 Hackbällchen in 5 tiefen Suppentellern anrichten und z. B. mit einer Scheibe getoastetem Schwarzbrot servieren.

# Hauptgerichte – mein bunter Mix

*Turmkochen, One Pot*
*und Gerichte aus dem Ofen.*
*Genuss in deiner Küche.*

# Tipps & Tricks rund um Turmkochen und One Pot

Kaum Zeit und du möchtest trotzdem eine ausgewogene Mahlzeit auf den Tisch bringen? Dann bist du bei Turmkochen und den One-Pot-Gerichten genau richtig. Es sind die Helden unter den Rezepten, wenn es darum geht, schnell und einfach, jedoch trotzdem gesund und vor allem selbst gemacht zu genießen. Der große Vorteil, den diese Gerichte mit sich bringen? Es garen alle Zutaten gleichzeitig in deinem Thermomix®, beim Turmkochen auch im Varoma, so sparst du jede Menge Zeit und zauberst ein vollwertiges Gericht ohne großen Aufwand.

Bei den beliebten All-in-One-, auch Turmkochen genannt, sowie One-Pot-Gerichten nutzt du deinen Thermomix® in vollen Zügen und mit allem, was er zu bieten hat. Es handelt sich hierbei um Rezepte, bei denen alle Komponenten gleichzeitig garen, zum Teil im Mixtopf und/oder Garkörbchen, bei All-in-One-Gerichten auch im Varoma, während dieser bei One-Pot-Gerichten pausieren darf. Zum Schluss ist alles gleichzeitig fertig und du brauchst es nur noch zu servieren und zu genießen.

## Deine Möglichkeiten mit All-in-One- und One-Pot-Gerichten?

Fleisch/Fisch mit Gemüse und Beilage, dazu noch Soße. Bei den beliebten Turmkochen-Rezepten kocht im Mixtopf meist die Soße, während im Garkörbchen Kartoffeln, Reis, Bulgur, Quinoa oder sogar Nudeln gegart werden. Währenddessen wird das Gemüse zusammen mit dem Fleisch/Fisch im Varoma- und dem Einlegeboden mitgedämpft. Du kannst dir vorstellen, wohin der leckere Saft von Gemüse & Co läuft! Ganz genau: in die Soße. Das bringt vollen Geschmack. Auch für Eintöpfe eignet sich diese Methode hervorragend, z. B. für meinen cremigen Gemüseeintopf.

Unter den One-Pot-Gerichten sind Pasta-Rezepte sehr beliebt, z. B. meine One-Pot-Pasta Aglio Oglio mit Tomaten, Basilikum und Nussparmesan oder die cremigen One-Pot-Kürbis-Käse-Makkaroni – hier garst du alles in einem Topf: Fleisch/Fisch oder Gemüse mit den Nudeln und der Soße. Wenn das nicht zu einfach klingt, um wahr zu sein!

Neben Pasta ist auch der Milchreis eines der beliebtesten One-Pot-Gerichte aus dem Thermomix®. Der Milchreis wird einfach perfekt und während dieser von deinem Küchenhelfer für dich gekocht wird, kannst du dich den wichtigen Dingen im Leben widmen.

Man darf auch nicht den Klassiker unter den One-Pot-Gerichten schlechthin vergessen, das Risotto – sozusagen die herzhafte Milchreis-Variante. Es wird einfach perfekt cremig mit deinem Thermomix® und wenn du Fleisch/Fisch gleichzeitig im Varoma garst, wird das One-Pot-Rezept zum Turmkochen-Gericht.

Um sicherzugehen, dass dir deine One-Pot- und All-in-One-Gerichte gelingen, musst du ein paar Kleinigkeiten beachten:

1. Wenn du deinen Varoma – mit oder ohne Einlegeboden – verwendest, musst du immer sicherstellen, dass du bei der Temperatur die Varoma-Stufe eingestellt hast. Sollte das nicht der Fall sein, wird dein Gargut im Varoma nicht durch. Nur bei der Varoma-Stufe weiß dein Thermomix®, dass er die Flüssigkeit dauerhaft erhitzen und somit Dampf erzeugen muss (siehe **How to thermomix® – Basics zur manuellen Nutzung**).
2. Es ist wichtig, dass du im Varombehälter immer genug Dampfschlitze frei lässt, damit der Dampf auch zu deinem Gargut durchdringen und gut zirkulieren kann. Verwende hierzu auch den Rühraufsatz, den du unter deinem Gargut platzierst und somit einen Freiraum sicherstellst. Optional kannst du auch den Wundersteam-Dampfgarkamin von Wundermix nutzen.
3. Bei den One-Pot-Pasta-Gerichten ist es wichtig, dass du die Packungsangaben deiner Pasta beachtest, denn je nach Gardauer deiner gewählten Pastasorte musst du die Zeit in dem Rezept anpassen.
4. Wichtig ist auch, dass du bei One-Pot-Gerichten Sahne nicht über 100 °C und nicht zu lange kochst, ansonsten brennt dir deine Soße ein. Am besten, du gibst die Sahne immer zum Schluss dazu und kochst sie nur kurz mit, so gehst du auf Nummer sicher.
5. Du kannst dich bei der Flüssigkeit ganz austoben, egal ob du statt Wasser lieber einen Fond verwendest, Kokosmilch, Wein, Milch oder pflanzliche Produkte, alles, was dein Herz begehrt, ist möglich. So kannst du aus jedem Rezept dein individuelles Gericht zaubern und auch Abwechslung in den Kochalltag bringen.

Hier findest du den WunderSteam Dampfgar-Kamin von Wundermix:

www.wundersteam.de

# Turmkochen

# Kalbsrahmgulasch mit Laugenknödel

5 Portionen

## ZUTATEN

**Laugenknödel**
300 g Laugengebäck, vom Vortag, in Stücken
1 Zwiebel, halbiert
60 g Butter
200 g Milch
4 Eier
2 EL Petersilie, gehackt
1 ½ TL Salz
2 Prisen Pfeffer

**Gulasch**
1 kg Kalbsgulaschfleisch
Salz, Pfeffer
2 große Zwiebeln, halbiert
25 g Rapsöl
1 ½ TL Salz
½ TL Pfeffer
340 g Kalbsfond
400 g Wasser
2 TL Gemüsepaste (siehe Basisrezepte)
2 EL Paprikapulver, edelsüß
Saft und Abrieb von ½ Bio-Zitrone
1 TL Majoran, getrocknet
125 g Saure Sahne
20 g Maisstärke, optional Mehl
4 EL saure Sahne, zum Servieren

## ZUBEREITUNG

1 Für die Klöße die Laugenstücke in den Mixtopf geben, mithilfe des Spatels 8 Sek./Stufe 5 zerkleinern und in eine Schüssel umfüllen.

2 Zwiebel in den Mixtopf geben, 3 Sek./ Stufe 5 zerkleinern und mit dem Spatel nach unten schieben.

3 Butter zugeben, optional Mixtaste, ansonsten Garkörbchen anstelle des Messbechers einsetzen, 2 Min./120 °C/ Stufe 1 dünsten.

4 Milch, Eier, zerkleinertes Laugengebäck, Petersilie, Salz und Pfeffer zugeben, 40 Sek./Teigmodus vermischen.

5 Mit nassen Händen 12 Knödel formen und im Varoma-Behälter und Varoma-Einlegeboden verteilen, Varoma verschließen. Mixtopf spülen.

6 Für das Gulasch Kalbfleisch in 3–4 cm große Stücke schneiden, in eine Schüssel geben, mit Salz und Pfeffer würzen und gut vermischen.

7 Zwiebeln in den Mixtopf geben, 5 Sek./Stufe 5 zerkleinern und mit dem Spatel nach unten schieben.

8 Rapsöl zugeben und 5 Min./120 °C/ Stufe 1 andünsten.

9 Kalbfleischwürfel, Kalbsfond, Wasser, Gemüsepaste, Paprikapulver, Zitronensaft, Zitronenabrieb, Salz, Pfeffer und Majoran zugeben, optional Mixtaste, ansonsten Garkörbchen anstelle des Messbechers nutzen, 10 Min./Varoma/Linkslauf/Sanftrührstufe aufkochen.

10 Messbecher entfernen, Varoma aufsetzen und 35 Min./Varoma/Linkslauf/ Sanftrührstufe fertig Dampf garen. Varoma verschlossen zur Seite stellen. Fleisch in eine Schüssel geben.

11 Saure Sahne mit Stärke in einer kleinen Schüssel glattrühren, zur Soße geben, 20 Sek./Stufe 5–8 ansteigend pürieren, Fleisch wieder zugeben, optional Mixtaste, ansonsten Garkörbchen anstelle des Messbechers einsetzen und nochmal 5 Min./100 °C/ Linkslauf/Sanftrührstufe aufkochen. Kalbsrahmgulasch in tiefen Tellern mit Klößen anrichten, mit 1 EL saurer Sahne servieren.

### *Tipp*

Überprüfe nach der Garzeit (Schritt 10) dein Fleisch und verlängere ggf. um 5–10 Min. Das Fleisch darf nicht zu weich geschmort werden, sonst zerfällt es.

# Schweinefilet im Kräuter-Parmesan-Mantel mit Gemüse und Jasminreis

4 Portionen

## ZUTATEN

60 g Parmesan
¼ Bund Petersilie, Blätter abgezupft
¼ Bund Basilikum, Blätter abgezupft
600 g Schweinefilet, im Ganzen
Salz, Pfeffer
1300 g Wasser
1 ½ TL Salz
1 EL Gemüsepaste (siehe Basisrezepte)
250 g Jasminreis
80 g Kartoffel, geviertelt
1 Brokkoli, in Röschen
80 g Lauch, in Ringen (1 cm)
160 g Frischkäse
½ Bund Petersilie, Blättchen abgezupft
1 TL Zitronensalz (siehe Basisrezepte)
1 Prise Zucker
2 Prisen Pfeffer

## ZUBEREITUNG

1 Parmesan, ¼ Petersilie und Basilikum in den Mixtopf geben und 8 Sek./Stufe 8 zerkleinern und in einen tiefen Teller umfüllen. Schweinefilet salzen und pfeffern, der Länge nach halbieren und jedes Stück nacheinander im Kräuter-Parmesan wälzen. Parmesan gut festdrücken und die Filets auf den Varoma-Einlegeboden geben. Varoma verschließen und zur Seite stellen. Mixtopf gründlich spülen.

2 Wasser, Salz und Gemüsepaste in den Mixtopf geben, Garkörbchen einhängen und Reis einwiegen. Reis gut unter kaltem Wasser waschen, Kartoffeln auf den Reis legen. Garkörbchen wieder einhängen.

3 Varoma aufsetzen und 10 Min./Varoma/Stufe 2 dämpfen. Varoma abnehmen, Brokkoliröschen und Lauchringe im Varoma-Behälter verteilen, darauf achten, dass genug Dampfschlitze frei sind.

4 Varoma wieder verschließen, erneut aufsetzen und 23 Min./Varoma/Stufe 2 fertig garen. Varoma verschlossen zur Seite stellen. Garkörbchen mithilfe des Spatels herausnehmen und die Garflüssigkeit in einen kleinen Topf umfüllen.

5 Gegarte Kartoffeln, 200 g Garflüssigkeit, Frischkäse, restliche Petersilie, Zitronensalz, Zucker und Pfeffer zugeben und 3 Min./100 °C/Stufe 1 aufkochen.

6 In der Zwischenzeit das Schweinefilet in 8 Scheiben (ca. 2 cm) schneiden und auf einen Teller platzieren.

7 Danach die Soße noch 40 Sek./Stufe 5–10 ansteigend pürieren.

8 Gemüse, Reis und Soße zusammen mit dem Schweinefilet im Kräutermantel anrichten und servieren.

### *Tipp*

Verwende die Stiele der Kräuter für deine nächste Gemüsepaste oder für die nächste Suppe. Friere sie bis dahin einfach ein. So sparst du kostbare Vitamine, denn diese befinden sich zum Großteil in den Stielen der Kräuter. Es wäre also echt schade darum.

# Cremiger Gemüseeintopf

5 Portionen

Eintöpfe sind für mich Essen für die Seele! Sie lassen sich sehr gut vorbereiten und sind unkompliziert in der Zubereitung.

## ZUTATEN

1 Zwiebel, halbiert
40 g Butter
1.000 g Wasser
2 EL Gemüsepaste (siehe Basisrezepte)
1 ½ TL Salz
2 Prisen Pfeffer
2 TL Currypulver
700 g Kartoffeln, in mundgerechten Stücken
500 g Möhren, Kohlrabi, Blumenkohlröschen, Lauch etc. gemischt, in mundgerechten Stücken
2 Prisen Muskatnuss, gerieben
1 EL Sojasoße
125 g saure Sahne
30 g Maisstärke
4 Stück Wiener Würstchen, in mundgerechten Stücken, optional
4 EL saure Sahne, zur Deko
1 EL Petersilie, TK, zur Deko

## ZUBEREITUNG

1 Zwiebel in den Mixtopf geben, 4 Sek./Stufe 5 zerkleinern und mit dem Spatel nach unten schieben. Butter zugeben und 4 Min./120 °C/Stufe 2 andünsten.

2 Wasser, Gemüsepaste, Salz, Pfeffer, Sojasoße und Currypulver zugeben. Kartoffeln und Gemüse im Varoma und im Einlegeboden verteilen. Dabei darauf achten, dass genug Dampfschlitze vorhanden sind. Gemüse nun 40 Min./Varoma/Stufe 1 dämpfen.

3 Varoma abnehmen, Gemüse in eine große Schüssel umfüllen und warm halten.

4 Saure Sahne mit der Stärke glatt rühren und zusammen mit 100 g gegarten Kartoffeln in den Mixtopf geben, 10 Sek./Stufe 8 vermischen.

5 Anschließend 5 Min./100 °C/Stufe 2 aufkochen, dabei optional Mixtaste, ansonsten Garkörbchen anstelle des Messbechers einsetzen.

6 Wurststücke und Muskatnuss zugeben, optional Mixtaste, ansonsten Garkörbchen anstelle des Messbechers einsetzen und 3 Min./100 °C/Linkslauf/Stufe 1 erwärmen.

7 Die Soße mit den Würstchen zum Gemüse geben, alles gut durchmischen. Gemüseeintopf auf Tellern anrichten, mit Petersilie dekorieren und mit je 1 EL saurer Sahne servieren.

# Tomaten-Frischkäse-Gnocchi mit Lachs – unser Highlight

4 Portionen

Dieses Rezept ist unser absolutes Highlight! Es wird ständig gekocht, weil es jeder liebt. Die Einfachheit, die darin steckt, ist genauso überzeugend wie der Geschmack.

## ZUTATEN

1 kleine Zwiebel, halbiert
2 Knoblauchzehen
1 Dose stückige Tomaten, à 400 g
2 TL Gemüsepaste (siehe Basisrezepte)
70 g Wasser
200 g Frischkäse
1 ½ TL Salz
1 TL Pfeffer
1 Prise Zucker
500 g Gnocchi
3 EL Sonnenblumenöl
2 Stück Lachsfilet, ca. 250 g

## ZUBEREITUNG

1. Zwiebel und Knoblauchzehen in den Mixtopf geben 3 Sek./Stufe 5 zerkleinern. Alles mit dem Spatel nach unten schieben.
2. 1 EL Öl zugeben und für 1 Min. 30 Sek./120 °C/Stufe 2 dünsten.
3. Tomaten, Wasser, Gemüsepaste, Salz und Pfeffer zugeben, Varoma-Behälter aufsetzen, Gnocchi einwiegen, absetzen und mit dem restlichen Öl vermischen.
4. Einlegeboden in den Varoma einsetzen, Lachsfilet darauf verteilen und mit Salz und Pfeffer würzen. Varoma aufsetzen, verschließen und für 18 Min./Varoma/Stufe 1 garen.
5. Varoma zur Seite stellen, Frischkäse zugeben, Varoma wieder aufsetzen und nochmal 3 Min./100 °C/Stufe 2 garen.
6. Gnocchi in eine große Schüssel umfüllen, den Lachs in kleine Stücke schneiden bzw. reißen und zur Soße geben.
7. Die Gnocchi mit der Tomaten-Lachs-Soße vermischen, mit Parmesan und Rucola servieren.

# Gebratene Reisnudeln in Currysoße mit Gemüse und Rinderfiletstreifen

4 Portionen

## ZUTATEN

350 g Rinderfilet, in Streifen (1 x 3 cm)
30 g Sojasoße
30 g Sesamöl
3 Knoblauchzehen, in dünnen Scheiben
2 Frühlingszwiebeln, in Ringen (0,5 cm)
1 große rote Zwiebel, halbiert, in Ringen (0,5 cm)
½ Chilischote, in Ringen, optional
250 g Möhren, in Scheiben (0,5 cm)
1 Paprika, bunt, in mundgerechten Stücken
1 kleine Zucchini, in Würfel (ca. 1 cm)
2 TL gelbe Currypaste
400 g Kokosmilch oder 40 g Kokosmilch-Paste (siehe Basisrezepte)
120 g Wasser und etwas mehr zum Anrühren
1 TL Fischsoße
1 TL Salz
2 Prisen Pfeffer
300 g Brokkoli, in Röschen
150 g Reisnudeln (instant)
20 g Speisestärke + 2 EL Wasser

## ZUBEREITUNG

1 Eine Schüssel auf den Mixtopfdeckel stellen, Filetstreifen, Sojasoße und 10 g Sesamöl zugeben, mit den Knoblauchscheiben vermischen und 10 Minuten durchziehen lassen. Die Reisnudeln wie auf der Packung angegeben vorbereiten und gut abtropfen lassen (siehe Tipp). In dieser Zeit mit dem Rezept fortfahren.

2 Zwiebel und restliches Sesamöl in den Mixtopf geben, 3 Min./120 °C/Linkslauf/Stufe 1 dünsten.

3 Mariniertes Fleisch in den Mixtopf zu den gedünsteten Zwiebeln geben, gleichmäßig verteilen, optional Mixtaste, ansonsten Garkörbchen anstelle des Messbechers aufsetzen. Zwiebeln und Fleisch 8 Min./Varoma/Linkslauf/Sanftrührstufe anbraten.

4 Garkörbchen in eine Schüssel stellen. Filetstreifen in den Gareinsatz umfüllen, sodass der Fleischsaft in der Schüssel aufgefangen wird.

5 Möhren, Paprika, Fleischsaft, Currypaste, Kokosmilch, Wasser, Fischsoße, Salz und Pfeffer in den Mixtopf geben.

6 Varoma aufsetzen, Brokkoli einwiegen, dabei darauf achten, dass genügend Luftschlitze frei sind. Varoma verschließen, 20 Min./Varoma/Linkslauf/Stufe 1 kochen.

7 Speisestärke mit 2 EL Wasser anrühren.

8 Varoma absetzen. Angerührte Speisestärke und gebratenes Fleisch in den Mixtopf zugeben, Varoma wieder aufsetzen und 3 Min./Varoma/Linkslauf/Stufe 1 eindicken (siehe Tipp).

9 Währenddessen die abgetropften Reisnudeln in einer Pfanne mit etwas Sesamöl anbraten und anschließen in eine große Schüssel geben. Mit den Filetstreifen vermischen.

10 Varoma absetzen. Brokkoli sowie die Soße mit dem Gemüse zu den Nudeln und zum Fleisch in die Schüssel geben und alles gut durchmischen. Auf Tellern anrichten und servieren.

**Kokosmilch, selbst gemacht**
400 g Wasser
40 g Kokosmilch-Paste
Zutaten in den Mixtopf geben, 1 Min. 20 Sek./Stufe 10 mixen, statt Kokosmilch aus der Dose verwenden (Schritt 5).

### *Tipp*

Die Reisnudeln nicht länger als angegeben einweichen und danach kalt spülen. Reisnudeln erst zum Schluss mit den restlichen Zutaten vermischen, ansonsten zerfallen sie.
Je nach Belieben kannst du das Eindicken der Soße (Schritt 9) weglassen.

# Putenroulade in Kräuter-Senfsoße mit Kartoffeln und Gemüse

4 Portionen

## ZUTATEN

4 Puten- oder Hühnerschnitzel, dünn geschnitten, geklopft
4 Scheiben Gouda
8 Scheiben Schinken
½ TL Salz
½ TL Pfeffer
½ TL Paprikapulver, edelsüß
½ TL Kurkuma
3 TL Öl
650 g Wasser
1 TL Salz
1 EL Gemüsepaste (siehe Basisrezepte)
750 g Kartoffeln, geviertelt
300 g Gemüse nach Wahl, z. B. Möhren, Fenchel, Paprika, Zucchini, gelbe Möhren, in Scheiben oder mundgerechten Stücken
150 g Brokkoli, Röschen, halbiert
80 g Lauch, in Ringen
125 g Crème fraîche
½ Bund Petersilie, frisch, optional 2 EL TK
1 ½ EL Senf
1 ½ TL Salz
2 Prisen Pfeffer

## ZUBEREITUNG

1. Für die Marinade 1 TL Salz, 2 Prisen Pfeffer, 1 TL Paprikapulver edelsüß, ½ TL Kurkuma und 3 TL Öl in einer Schüssel vermischen. Auf jedes Schnitzel je 1 Scheibe Käse und 2 Scheiben Schinken legen, aufrollen und in den Varoma-Einlegeboden geben. Rouladen mit der Marinade bestreichen.
2. Wasser, Salz und Gemüsepaste in den Mixtopf geben, Garkörbchen einhängen und Kartoffeln einwiegen.
3. Gemüse im Varoma verteilen. Dabei darauf achten, dass genug Dampfschlitze frei sind. Einlegeboden mit den Rouladen einsetzen, Varoma verschließen, aufsetzen und nun für 30 Min./Varoma/Stufe 1 dämpfen. Varoma verschlossen zur Seite stellen.
4. Garkörbchen mithilfe des Spatels herausnehmen und die Garflüssigkeit in einen kleinen Topf umfüllen.
5. 120 g gegarte Kartoffeln, 300 g Garflüssigkeit, Crème fraîche, Petersilie, Senf, Salz und Pfeffer zugeben und 2 Min./100 °C/Stufe 1 aufkochen.
6. Danach die Soße noch 40 Sek./Stufe 5–10 ansteigend pürieren.
7. Je eine Roulade halbieren, auf einem Teller auf der Soße platzieren, mit Gemüse und Kartoffeln anrichten und servieren.

# One Pot

# One-Pot-Fischeintopf mit Kartoffeln

4 Portionen

## ZUTATEN

500 g Fisch, Kabeljau, Heilbutt, Red Snapper, Garnelen, Lachs etc.
Saft von 1 Bio-Limette
Salz, Pfeffer, Fischgewürz
1 Zwiebel, halbiert
2 Knoblauchzehen
1 Chili, entkernt, in Stücken
200 g Möhren, in Scheiben (0,5 cm)
400 g Kartoffeln, in Würfeln (1 cm)
2 Paprika, bunt
30 g Olivenöl
500 g Fischfond
300 g Wasser, alternativ Kokosmilch
Saft ½ Bio-Orange
2 EL Gemüsepaste (siehe Basisrezepte)
½ Bund Petersilie
1 ½ TL Zitronensalz (siehe Basisrezepte)
2 Prisen Pfeffer
20 g Speisestärke + 2 EL Wasser, optional

## ZUBEREITUNG

1. Petersilie in den Mixtopf geben, optional Miximizer einsetzen, 3 Sek./Stufe 8 zerkleinern und in eine Schüssel umfüllen.
2. Zwiebel, Knoblauchzehen und Chili in den Mixtopf geben, optional Miximizer einsetzen, nun für 4 Sek./Stufe 5 zerkleinern. Mit dem Spatel nach unten schieben.
3. Olivenöl zugeben und 5 Min./120 °C/Stufe 1 dünsten. Währenddessen Paprika in mundgerechte Stücke schneiden.
4. Fischfond, Wasser, Orangensaft, Gemüsepaste, Zitronensalz und Pfeffer in den Mixtopf geben. Gareinsatz einhängen, Kartoffelwürfel einwiegen und 25 Min./Varoma/Stufe 2 Dampf garen.

5 Paprikastücke in den Mixtopf geben, die Möhren in den Varoma-Behälter geben, Varoma verschließen, aufsetzen und 12 Min./Varoma/Linkslauf/Stufe 1 dämpfen. Währenddessen Fischfilets in ca. 3 cm große Stücke schneiden, mit Limettensaft beträufeln, mit Salz, Pfeffer und Fischgewürz würzen und bereitlegen.

6 Varoma abnehmen, Fischstücke in den Varoma-Einlegeboden geben, Varoma erneut aufsetzen und alles für 12 Min./Varoma/Linkslauf/Stufe 1 fertig garen.

7 Varoma abnehmen, Gareinsatz mithilfe des Spatels herausnehmen und alles warm halten. Optional Speisestärke mit Wasser glatt rühren, in den Mixtopf geben und die Soße nochmal für 5 Min./100 °C/Linkslauf/Stufe 1 eindicken.

8 Fischstücke in den Mixtopf legen und 5 Minuten in der heißen Soße ziehen lassen.

9 Die Hälfte der gehackten Petersilie zugeben, mit dem Spatel durchrühren. Fischeintopf zu den Kartoffeln und Möhren geben, auf Tellern anrichten und mit restlicher gehackter Petersilie dekoriert servieren.

*Tipp*

Du musst die Soße nicht mit Speisestärke eindicken. Dieser Schritt ist optional, wenn du deinen Eintopf lieber etwas dickflüssiger genießen möchtest.

# Porree-Risotto mit Hühnchen

4 Portionen

Risotto ist eines der absoluten One-Pot-Highlights aus dem Thermomix® – denn durch das gleichmäßige Rühren ist das Ergebnis stets perfekt, ganz ohne Aufwand und alles aus nur einem Topf.

## ZUTATEN

80 Parmesan, in Stücken
1 Zwiebel
1 Knoblauchzehe
150 g Porree, in Stücken
20 g Olivenöl
250 g Hühnerbrustfilets, in Stücken
350 g Risottoreis
950 g Wasser
2 TL Gemüsepaste (siehe Basisrezepte)
½–1 TL Salz
2 Prisen Pfeffer

## ZUBEREITUNG

1. Parmesan in den Mixtopf geben, 8 Sek./Stufe 8 zerkleinern und umfüllen. Mixtopf gründlich spülen.
2. Zwiebel, Knoblauch und Porree in den Mixtopf geben, 5 Sek./Stufe 6 zerkleinern. Mit dem Spatel nach unten schieben.
3. Olivenöl zugeben und ohne Messbecher 5 Min./Varoma/Stufe 2 andünsten.
4. Hähnchenfleisch und Reis zugeben, optional Mixtaste, ansonsten Garkörbchen anstelle des Messbechers aufsetzen und weitere 5 Min./Varoma/Linkslauf/Stufe 2 andünsten.
5. Wasser, Gemüsepaste sowie Pfeffer zugeben, den Reis mithilfe des Spatels vom Boden lösen, optional Mixtaste, ansonsten Garkörbchen anstelle des Messbechers aufsetzen und 18 Min./100 °C/Linkslauf/Sanftrührstufe garen.
6. Risotto in eine Schüssel umfüllen, 60 g Parmesan zugeben und mit dem Spatel unterrühren. Das Risotto mit restlichem Parmesan und Porree-Ringen garniert servieren.

# One-Pot-Pasta Aglio Olio mit Tomaten, Basilikum und Nussparmesan

4 Portionen

## ZUTATEN

60 g Parmesan, in Stücken
40 g Walnüsse
1 Chilischote, gewünschter Schärfegrad, optional
8 Knoblauchzehen
2 rote Zwiebeln, halbiert
3 getrocknete Tomaten, in Öl eingelegt
35 g Öl von den eingelegten Tomaten, alternativ Olivenöl
½ Bund frisches Basilikum, Blätter abgezupft
500 g Wasser
500 g reife Tomaten, halbiert oder geviertelt
50 g Tomatenmark
2 TL Salz
1 ½ EL Gemüsepaste (siehe Basisrezepte)
2 Prisen Pfeffer, frisch gemahlen
320 g Spaghetti
Basilikumblätter, zur Deko

## ZUBEREITUNG

1. Parmesan und Walnüsse in den Mixtopf geben, 15 Sek./Stufe 7 zerkleinern und umfüllen. Mixtopf gründlich spülen.
2. Chili, Knoblauch, getrocknete Tomaten und Zwiebel in den Mixtopf geben, 6 Sek./Stufe 7 zerkleinern. Mit dem Spatel nach unten schieben.
3. Öl zugeben und ohne Messbecher 3 Min./Varoma/Stufe 1 andünsten.
4. Basilikum, Wasser, frische Tomaten, Tomatenmark, Salz, Gemüsepaste und Pfeffer zugeben, optional Mixtaste, ansonsten Garkörbchen statt Messbecher aufsetzen. Soße für 10 Min./100 °C/Stufe 1 aufkochen.
5. Ohne Messbecher erneut Zeit gemäß Packungsangabe/100 °C/Linkslauf/Stufe 1 einstellen, währenddessen die Spaghetti durch die Mixtopfdeckelöffnung zugeben. Messbecher einsetzen, sobald alle Spaghetti in den Mixtopf eingezogen sind und fertig kochen.
6. Pasta auf Bissfestigkeit (al dente) überprüfen und bei Bedarf erneut 2–3 Minuten weiterkochen. Die fertige Pasta in eine große Schüssel umfüllen, abschmecken, auf Teller verteilen und sofort mit Nussparmesan und frischen Basilikumblättern dekoriert servieren.

# One-Pot-Kürbis-Käse-Makkaroni

4 Portionen

## ZUTATEN

120 g Gouda
100 g Parmesan, in Stücken
1 Zwiebel, halbiert
2 Knoblauchzehen
350 g Hokkaido-Kürbis, in Stücken
30 g Butter
300 g kurze Makkaroni
200 g Wasser
100 g Milch
100 g Sahne
2 TL Gemüsepaste (siehe Basisrezepte)
1 TL Salz
2 Prisen Pfeffer

## ZUBEREITUNG

1. Gouda und Parmesan in den Mixtopf geben, 7 Sek./Stufe 8 zerkleinern und in eine Schüssel umfüllen. Mixtopf gründlich spülen.
2. Zwiebel, Knoblauch und Kürbis in den Mixtopf geben und 6 Sek./Stufe 6 zerkleinern, mit dem Spatel nach unten schieben.
3. Die Butter zugeben und 3 Min./120 °C/Stufe 1 dünsten.
4. Die Hörnchen-Nudeln zugeben, ebenfalls 2 Min./100 °C/Linkslauf/Stufe 1 mit andünsten.
5. Wasser, Milch, Sahne, Gemüsepaste, Salz und Pfeffer zugeben, die Nudeln mithilfe des Spatels vom Boden lösen, optional Mixtaste, ansonsten Garkörbchen statt Messbecher aufsetzen und 10 Min./100 °C/ Linkslauf/Stufe 1 kochen.
6. Die Pasta in eine Schüssel umfüllen, ¾ vom zerkleinerten Käse vorsichtig mit dem Spatel unterrühren, auf vier Tellern anrichten und mit dem restlichen Käse bestreut sofort servieren.

# Hähnchen-Curry-Reis mit Möhren und Mais

4 Portionen

## ZUTATEN

1 Zwiebel
20 g Olivenöl
250 g Jasminreis
450 g Wasser
250 g Hühnerbrustfilets, in Würfeln (2 cm)
70 g Möhren, in dünnen Scheiben (2 mm)
70 g Mais, abgetropft
1 ½ EL Gemüsepaste (siehe Basisrezepte)
2 ½ TL Curry
1 ½ TL Cumin, gemahlen
2 Prisen Kurkuma, gemahlen
1 ½ TL Salz
1 Prise Pfeffer

## ZUBEREITUNG

1. Zwiebel in den Mixtopf geben und 5 Sek./Stufe 5 zerkleinern, mit dem Spatel nach unten schieben.
2. Das Olivenöl zugeben und ohne Messbecher 4 Min./Varoma/Stufe 1 andünsten.
3. Jasminreis, Wasser, Huhn, Möhren, Mais, Gemüsepaste, Curry, Cumin, Kurkuma Salz und Pfeffer zugeben, optional Mixtaste, ansonsten Garkörbchen statt Messbecher aufsetzen, 17 Min./100 °C/Linkslauf/Stufe 1 kochen.
4. Den One-Pot-Reis auf vier Tellern anrichten und servieren.

## Chili sin carne

6 Portionen

## ZUTATEN

150 g Bio-Dinkelkörner
1 große rote Zwiebel, halbiert
2 Knoblauchzehen
1 rote Chilischote, getrocknet
25 g Olivenöl
1 ½ TL Salz
1 TL Paprikapulver, edelsüß
2 Prisen Paprikapulver, rosenscharf
1 EL dunkler Balsamico
50 g Tomatenmark
500 g Wasser
2 TL Gemüsepaste (siehe Basisrezepte)
500 g Tomaten-Passata
200 g Paprika, in mundgerechten Stücken
1 Dose Kidneybohnen (Abtropfgewicht 240 g)
1 Dose Kichererbsen (Abtropfgewicht 240 g)
1 kleine Dose Mais (Abtropfgewicht 140 g)

## ZUBEREITUNG

1. Kidneybohnen, Kichererbsen und Mais in ein Sieb geben, unter kaltem Wasser spülen und gut abtropfen lassen.
2. Dinkelkörner in den Mixtopf geben, 5 Sek./Stufe 8 schroten und umfüllen.
3. Zwiebel, Knoblauch und Chili in den Mixtopf geben, 4 Sek./Stufe 5 zerkleinern und mit dem Spatel nach unten schieben.
4. Olivenöl zugeben und 4 Min./120 °C/Stufe 1 dünsten.
5. Dinkelschrot, Salz, Paprikapulver, Balsamico, Tomatenmark, Wasser, Gemüsepaste, Tomaten-Passata und Paprika zugeben, optional Mixtaste, ansonsten Garkörbchen statt Messbecher aufsetzen, 30 Min./100 °C/Linkslauf/Sanftrührstufe kochen.
6. Kidneybohnen, Kichererbsen und Mais zugeben, optional Mixtaste, ansonsten Garkörbchen statt Messbecher aufsetzen und 5 Min./100 °C/Linkslauf/Sanftrührstufe erwärmen. Chili sin carne auf Tellern anrichten und am besten mit getoastetem Fladenbrot oder Schwarzbrot servieren.

### *Tipp*

Wenn du es richtig feurig magst, verwende gern mehr Chili. Wie oben angegeben, ist eher die milde Variante für jedermann.

# Ofengerichte

## Süßkartoffel-Linsen-Lasagne

8 Portionen

## ZUTATEN

Süßkartoffel-Linsen-Soße
100 g Parmesan, in Stücken
400 g Süßkartoffeln, in Stücken
1 Zwiebel, halbiert
2 Knoblauchzehen
30 g Olivenöl
200 g Wasser
200 g Rotwein, optional, ansonsten Wasser
800 g gehackte Tomaten (2 Dosen à 400 g)
2 TL Gemüsepaste (siehe Basisrezepte)
200 g rote Linsen, gewaschen
30 g Tomatenmark
1 TL Majoran, getrocknet
1 Lorbeerblatt, getrocknet
1 ½ TL Salz
2 Prisen Pfeffer
1 TL Cumin, gemahlen

Béchamelsoße
750 g Milch
50 g Butter, in Stücken
70 g Weizenmehl 700 (DE 550)
1 TL Salz
2 Prisen Pfeffer
2 Prisen Muskatnuss, gemahlen
12 Lasagne-Blätter

## ZUBEREITUNG

1 Parmesan in den Mixtopf geben, 8 Sek./Stufe 8 zerkleinern und in eine Schüssel umfüllen. Mixtopf gründlich spülen.

2 Süßkartoffeln, Zwiebel und Knoblauch in den Mixtopf geben, 5 Sek./Stufe 6 zerkleinern, mit dem Spatel nach unten schieben.

3 Olivenöl zugeben und ohne Messbecher 9 Min./120 °C/Stufe 2 dünsten.

4 Wasser, Rotwein, gehackte Tomaten, Gemüsepaste, Linsen, Tomatenmark, Majoran und Lorbeerblatt zugeben, mit dem Spatel einmal alles durchmischen.

5 Optional Mixtaste, ansonsten Garkörbchen anstelle des Messbechers aufsetzen und die Soße für 30 Min./100 °C/Linkslauf/Stufe 1 köcheln.

6 Salz und Pfeffer zugeben und nochmal 15 Sek./Linkslauf/Stufe 3.5 vermischen, abschmecken und das Lorbeerblatt entfernen. Mixtopf spülen.

7 Milch, Butter, Mehl, Salz und Muskatnuss in den Mixtopf geben, optional Mixtaste, ansonsten Garkörbchen anstelle des Messbechers aufsetzen und 12 Min./100 °C/Stufe 2 kochen.

8 Backofen auf 200 °C Ober-/Unterhitze vorheizen, eine Auflaufform (ca. 34 x 22 x 6 cm) mit Backtrennmittel (siehe Basisrezepte) einfetten.

9 Eine dünne Schicht Süßkartoffel-Linsen-Soße in die Auflaufform geben. Eine Lage Lasagneplatten darauf verteilen. Erneut eine dünne Schicht Soße verteilen und diese mit einer Schicht Béchamelsoße bedecken. Mit etwas Parmesan bestreuen. Diese Schichten wiederholen, bis alle Zutaten verbraucht sind. Die letzte Lage sollte Béchamelsoße sein. Zum Abschluss den restlichen zerkleinerten Parmesan auf der Lasagne verteilen.

10 35 Minuten im vorgeheizten Ofen backen. Lasagne herausnehmen, 20 Minuten sacken lassen und servieren.

### *Tipp*

Am besten du lässt die Lasagne nach dem Backen schön niedersacken, damit dir die Schichten beim Portionieren nicht zerfallen.

Am besten die Lasagne vorbacken, mind. 2 Stunden abkühlen lassen und dann in Stücken nochmal im Backrohr für 10 Min. bei 200 °C erwärmen.

Du kannst deine Lasagne auch bis Schritt 8 vorbereiten und abgedeckt im Kühlschrank bis zu 24 Stunden aufbewahren und erst dann backen (Schritt 10).

# Fleischlaibchen für Vitaminjäger auf Rote-Bete-Kartoffelpüree

6 Portionen

## ZUTATEN

**Fleischlaibchen**

120 g Semmelwürfel, alternativ Brötchen vom Vortag
1 große Zwiebel, halbiert
2 Knoblauchzehen
150 g Möhren, in Stücken, alternativ Sellerie, Pastinake etc.
150 g Zucchini, in Stücken
½ Bund Petersilie, Blätter abgezupft (siehe Tipp)
55 g Butter, in Stücken
450 g Rinderhackfleisch
100 g Haferflocken, zart
2 Eier
1 EL Majoran, getrocknet
1 ½ EL Senf
30 g Tomatenmark
1 Salz
2 Prisen Pfeffer
Semmelbrösel, zum Wälzen
Butterflocken, zum Backen

**Rote-Beete-Kartoffelpüree**
700 g Wasser + 1 TL Salz
400 g Püree-Kartoffeln, in Stücken (2 cm)
400 g Rote Bete, roh, in Stücken (2 cm)
190 g Milch
1 ½ TL Salz
50 g Butter
¼ TL Muskat, gemahlen

## ZUBEREITUNG

1 Semmelwürfel in einer Schüssel mit etwas kaltem Wasser einweichen (siehe Tipp).

2 Zwiebel, Knoblauch, Möhren, Zucchini und Petersilie in den Mixtopf geben, 6 Sek./Stufe 5 zerkleinern und mit dem Spatel nach unten schieben.

3 Butter zugeben, optional Mixtaste, ansonsten Garkörbchen anstelle des Messbechers aufsetzen und 5 Min./120 °C/Stufe 1 dünsten. Mixtopfdeckel abnehmen und 10 Minuten auskühlen lassen.

4 Währenddessen einen Backofenrost auf die unterste Schiene des Backofens einschieben. Backofen auf 200 °C Ober-/Unterhitze vorheizen und ein Backblech mit Backpapier auslegen.

5 Semmelwürfel gut ausdrücken und zusammen mit Hackfleisch, Haferflocken, Eiern, Majoran, Senf, Tomatenmark, Salz und Pfeffer in den Mixtopf geben und 20 Sek./Stufe 4, anschließend 30 Sek./Teigmodus vermischen. In eine Schüssel umfüllen und Mixtopf gründlich spülen.

6 Für das Püree Wasser und Salz in den Mixtopf geben, Garkörbchen einhängen, Kartoffeln und Rote Bete einwiegen, optional Mixtaste, ansonsten Garkörbchen anstelle des Messbechers aufsetzen und für 40 Min./Varoma/Stufe 1 dämpfen.

7 Währenddessen 12 Hackbällchen formen, in den Semmelbröseln wälzen und zu einem Laibchen flach drücken. Fleischlaibchen auf dem Backblech verteilen und 25–30 Minuten im vorgeheizten Ofen backen.

8 Gareinsatz mithilfe des Spatels herausnehmen und zum Abtropfen in einem tiefen Teller zur Seite stellen. Mixtopf leeren. Milch, gegarte Kartoffel- und Rote-Bete-Würfel, Salz, Butter sowie Muskatnuss in den Mixtopf geben und 20 Sek./Stufe 4 rühren. Püree mit Fleischlaibchen anrichten und servieren.

### *Tipp*

Die Stängel der Petersilie kannst du für deine nächste Gemüsepaste-Produktion aufheben, bei Bedarf auch einfrieren. Es stecken viele Vitamine und Antioxidantien in den Stielen, daher auf keinen Fall entsorgen.

Die Semmelwürfel dürfen nicht im Wasser schwimmen, sie sollen beim Einweichen nur etwas Wasser aufnehmen, damit sie später als weiche, aber nicht nasse Masse die Laibchen auflockern.

# Überbackene Gnocchi „quattro formaggi“ mit Spinat

6 Portionen

## ZUTATEN

100 g Gouda, in Stücken
80 g Parmesan
1 Kugel Mozzarella, à 125 g
1 Zwiebel, halbiert
2 Knoblauchzehen
20 g Olivenöl
200 g Wasser
200 g Milch
1 ½ EL Gemüsepaste (siehe Basisrezepte)
800 g Gnocchi, aus dem Kühlregal
150 g Gorgonzola, mild, z. B. Galbani Dolcelatte
200 g Ricotta
30 g Speisestärke
1 ½ TL Salz
2 Prisen Pfeffer
2 Prise Muskatnuss, gemahlen
80 g Baby-Spinat

## ZUBEREITUNG

1 Gouda in den Mixtopf geben, 8 Sek./Stufe 8 zerkleinern. In eine Schüssel umfüllen und den Mixtopf gründlich spülen.

2 Zwiebel und Knoblauch in den Mixtopf geben, 5 Sek./Stufe 5 zerkleinern. Mit dem Spatel nach unten schieben.

3 Olivenöl zugeben und ohne Messbecher 3 Min./120 °C/Stufe 1 andünsten.

4 Wasser, Milch, Gemüsepaste, Gorgonzola, Salz und Pfeffer in den Mixtopf zugeben, optional Mixtaste, ansonsten Garkörbchen anstelle des Messbechers aufsetzen und alles für 10 Min./100 °C/Stufe 1 erwärmen.

5 Währenddessen Gnocchi und Spinat in einer Auflaufform (ca. 31 x 23 x 7 cm) vermischen und den Backofen auf 180 °C Ober-/Unterhitze vorheizen.

6 Ricotta, Speisestärke und Muskatnuss zugeben 30 Sek./Stufe 6 mixen und nochmal für 4 Min./100 °C/Stufe 1 kochen.

7 Die Soße zu den Gnocchi in die Auflaufform geben, mit dem zerkleinerten Käse bestreuen und im heißen Ofen ca. 45 Minuten backen, bei Bedarf mit einem Backpapierbogen abdecken, damit der Auflauf nicht zu dunkel wird. Überbackene Gnocchi auf Tellern anrichten und am besten mit einem grünen Blattsalat servieren.

### *Tipp*

Am schönsten lassen sich die Gnocchi „quattro formaggi" servieren, wenn sie etwas sacken und abkühlen konnten.

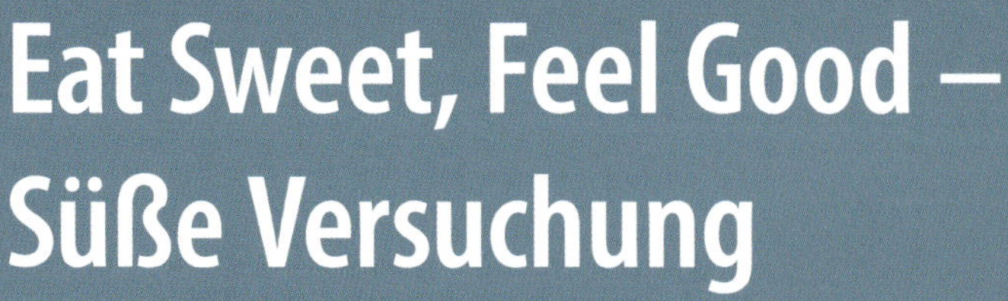

# Eat Sweet, Feel Good – Süße Versuchung

*Ein Leben ohne Kuchen & Co ist möglich, aber sinnlos.*

# Apfeltiramisu ohne Ei und Alkohol

+ selbst gemachtes Apfelmus • 8 Portionen

**ZUTATEN**

60 g Zucker
50 g brauner Zucker
1 EL Zitronenzucker (siehe Basisrezepte)
350 g Sahne
400 g Mascarpone
380 g Apfelmus, selbst gemacht
Mark von ½ Vanilleschote
1 TL Zimt
Saft von ½ Bio-Zitrone
ca. 50 Stück Löffelbiskuit
Zimt-Zucker-Mischung, zum Bestreuen

**zum Tunken**

450 g Apfelsaft, naturtrüb
½ TL Zimt

## ZUBEREITUNG

1 Zucker, braunen Zucker sowie den Zitronenzucker in den Mixtopf geben und 10 Sek/ Stufe 10 pulverisieren. In eine Schüssel umfüllen.

2 Rühraufsatz einsetzen. Sahne in den Mixtopf geben und ohne Zeiteinstellung/Stufe 3 steif schlagen (siehe Tipp). In eine Schüssel umfüllen und in den Kühlschrank stellen.

3 Rühraufsatz erneut einsetzen. Mascarpone, Apfelmus, Vanillemark, Zimt, Zitronensaft und die Zitronen-Staubzucker-Mischung zugeben und 35 Sek./ Stufe 2.5 cremig rühren.

4 Mit dem Spatel nach unten schieben, Schlagsahne zugeben, 15 Sek /Stufe 2 glatt rühren.

5 Apfelsaft und Zimt in einer Schüssel vermischen.

6 Biskotten in die Apfelsaft-Zimt-Mischung eintauchen, 1. Schicht vertikal in eine Auflaufform legen (32 x 25 x 8 cm).

7 Sobald der Boden mit einer Schicht Biskotten ausgelegt ist, ca. ⅓ der Creme verteilen und weitergeht es mit der nächsten Schicht Biskotten, diesmal horizontal. Nun wieder ⅓ der Creme.

8 Die letzte vertikale Schicht getunkter Biskotten und zum Schluss die restliche Creme schichten.

9 Nun das Tiramisu für mind. 6 Stunden, am besten über Nacht, in den Kühlschrank stellen zum Durchziehen.

10 Mit Zimt-Zucker-Mischung bestreuen und genießen!

**Mein selbst gemachtes Apfelmus**

700 g Äpfel, geschält, geviertelt
250 g Wasser
Saft von ½ Bio-Zitrone

1 Äpfel in den Mixtopf geben und 8 Sek./Stufe 5 zerkleinern.

2 Wasser und Zitronensaft zugeben, 6 Sek./Stufe 6 vermischen und 7 Min./90 °C/Stufe 2 kochen.

3 Äpfel für 40 Sek./Stufe 5–9 ansteigend pürieren und in sterile Gläser umfüllen.

### *Tipp*

Sahne steif schlagen:

Die Sahne muss kalt aus dem Kühlschrank sein und der Mixtopf sollte so kalt wie möglich sein.

Je höher der Fettgehalt der Sahne ist, desto schneller wird deine Sahne steif sein.

Die Dauer zum Schlagen der Sahne hängt von der Temperatur, dem Fettgehalt und der Menge der Sahne ab. Sie kann sehr stark variieren, behalte deshalb die Sahne beim Aufschlagen im Auge, damit diese nicht zu Butter wird. Es verändert sich auch das Geräusch im Mixtopf, sobald die Sahne fest wird. Hör genau hin.

# Milchreis mit warmen Kirschen

4 Portionen

## ZUTATEN

450 g Milch
80 g Sahne
20 g Zucker
10 g Vanillezucker (siehe Basisrezepte)
1 TL Vanilleextrakt
1 Prise Salz
130 g Milchreis
100 g Sahne, steif geschlagen, zum Unterheben
1 kleines Glas Kirschen (Abtropfgewicht 340 g)
10 g Stärke

## ZUBEREITUNG

1. Milch, Sahne, Zucker, Vanillezucker, Vanilleextrakt, Salz sowie Milchreis in den Mixtopf geben und ohne Messbecher 38 Min./90 °C/Linkslauf/Stufe 1 garen. Den Milchreis in eine Schüssel umfüllen. ½ Stunde abkühlen lassen und im Kühlschrank noch ca. 2 Stunden komplett auskühlen lassen (mind. 2 Stunden)
2. Kirschen in das Garkörbchen abgießen, Saft dabei in einer Schüssel auffangen. 150 g Kirschsaft, Stärke und Vanillezucker in den Mixtopf geben, 3 Min./100 °C/Stufe 3 einkochen. Kirschen dazugeben und 2 Min./90 °C/Linkslauf/Sanftrührstufe weiterkochen. Die Kirschen in eine Schüssel umfüllen. Mixtopf spülen, muss ganz kalt ausgespült werden (siehe Tipp).
3. Rühraufsatz einsetzen. 100 g Sahne in den Mixtopf geben und ohne Zeiteinstellung/Stufe 3 steif schlagen. Die Sahne unter den abgekühlten Milchreis heben.
4. Milchreis in Gläser aufteilen und mit den warmen Kirschen toppen.

### *Tipp*

Die Sahne muss kalt aus dem Kühlschrank sein und der Mixtopf sollte so kalt wie möglich sein.

Je höher der Fettgehalt der Sahne ist, desto schneller wird deine Sahne steif sein.

Die Dauer zum Schlagen der Sahne hängt von der Temperatur, dem Fettgehalt und der Menge der Sahne ab. Sie kann sehr stark variieren, behalte deshalb die Sahne beim Aufschlagen im Auge, damit diese nicht zu Butter wird. Es verändert sich auch das Geräusch im Mixtopf, sobald die Sahne fest wird. Hör genau hin.

# Vanille-Sahne-Marmorgugelhupf

16 Portionen

Sahniger Kuchengenuss – egal ob für den Sonntagskaffee mit der Familie oder für Spontanbesuche von Freuden. Dieser feine Gugelhupf eignet sich für jeden Anlass.

## ZUTATEN

550 g Sahne
250 g Rohrohrzucker
30 g Vanillezucker (siehe Basisrezepte)
6 Eier
1 Prise Salz
350 g Weizenmehl 700 (DE 550)
25 g Maisstärke, z. B. *Maizena*
17 g Weinstein-Backpulver
1 EL Vanilleextrakt
25 g Backkakao
1 TL Vanillezucker (siehe Basisrezepte)
30 g Milch

## ZUBEREITUNG

1 Backofen auf 180 °C Heißluft vorheizen. Eine Gugelhupf-Backform mit dem Backtrennmittel (siehe Basisrezepte) gut einfetten und eventuell mit Paniermehl ausstreuen.

2 Rühraufsatz einsetzen, Sahne in den Mixtopf geben und ohne Zeiteinstellung/Stufe 3 die Sahne steif schlagen (siehe Tipp). Rühraufsatz entfernen.

3 220 g Rohrzucker, 30 g Vanillezucker, Eier, Salz, Mehl, Maisstärke, Backpulver und Vanilleextrakt zugeben und mithilfe des Spatels 45 Sek./Stufe 5 vermischen. Die Hälfte des Teigs in die vorbereitete Backform geben.

4 Kakao, restlichen Rohrzucker (30 g), 1 TL Vanillezucker sowie die Milch in den Mixtopf zugeben und 5 Sek./Stufe 5 vermischen. Alles mit dem Spatel nach unten schieben und erneut 5 Sek./Stufe 5 verrühren.

5 Den dunklen Teig auf dem hellen Teig verteilen, eine Gabel spiralförmig durch die beiden Teigschichten ziehen, damit eine Marmorierung entsteht.

6 Den Gugelhupf ca. 55 Minuten im vorgeheizten Backrohr backen (siehe Tipp). Gugelhupf aus dem Ofen nehmen, 20 Minuten in der Form abkühlen lassen und anschließend auf eine Kuchenplatte stürzen. Marmorkuchen vollständig auskühlen lassen, in Scheiben schneiden und genießen.

### *Tipp*

Die Sahne beim Steifschlagen nie aus den Augen lassen, denn es gibt hier keinen Richtwert, wie lange es dauert. Du musst die Sahne stets beobachten, damit du nicht am Ende Butter hast. Stoppe lieber zwischendurch, wenn du dir unsicher bist. Dann kannst du auch gleich wieder weiter rühren. Geh auf Nummer sicher!

Da jeder Backofen anders ist und die Backzeit von Teigen dadurch variieren kann, empfehle ich dir die Stäbchenprobe, denn sie zeigt dir, ob dein Kuchen schon fertig ist, vielleicht auch schon mal 10 Minuten vor der angegebenen Backzeit.

Dafür stichst du einfach mit einem langen Holzspieß an der tiefsten Stelle deines Kuchens hinein: Bleiben beim Herausziehen Teigreste am Stäbchen haften, muss der Kuchen noch weiterbacken und du wiederholst die Stäbchenprobe nach 5–10 Minuten. Ist das Stäbchen sauber und es klebt kein Teig mehr daran, dann ist dein Kuchen auch wirklich fertig und du kannst ihn aus dem Ofen nehmen.

# Nusskuchen mit Schoko-Nougat-Guss

16 Portionen

## ZUTATEN

**Teig**
Backtrennmittel (siehe Basisrezepte)
180 g Nüsse, z. B. Mandeln, Haselnüsse
120 g Zucker
10 g Vanillezucker (siehe Basisrezepte)
1 EL Vanilleextrakt
180 g Butter, weich, in Stücken
3 Eier
230 g Milch
200 g Weizenmehl 700 (DE 550)
1 Pkg. Backpulver

**Schoko-Nougat-Guss**
160 g Zartbitter-Schokolade, 50 % Kakao, in Stücken
80 g Nougat, in Stücken
30 g Sonnenblumenöl
Krokant für die Deko

## ZUBEREITUNG

1 Backofen auf 180 °C Heißluft vorheizen. Eine Kranzform oder eine Springform (Ø 26 cm) mit dem Backtrennmittel einfetten.

2 Nüsse in den Mixtopf geben, 10 Sek./Stufe 8 zerkleinern und mit dem Mehl in eine Schüssel geben und vermischen.

3 Zucker, Vanillezucker, Vanilleextrakt, Butter, Eier und Milch in den Mixtopf geben und für 30 Sek./Stufe 5 vermischen.

4 Mehl-Nuss-Mischung und Backpulver zugeben, 25 Sek./Stufe 5 verrühren, den Teig in die vorbereitete Kranzform geben und den Kuchen 20 Minuten im vorgeheizten Ofen backen.

5 Kuchen mit einem Bogen Backpapier abdecken und weitere 15–20 Minuten fertigbacken (siehe Tipp).

6 Den Kuchen auf einem Kuchengitter abkühlen lassen (dauert ca. 1 Stunde). Mixtopf spülen und trocknen. Sobald der Kuchen abgekühlt ist, mit dem Rezept fortfahren.

7 Für die Schoko-Nougat-Glasur die Schokolade in den Mixtopf geben, 4 Sek./Stufe 8 zerkleinern und mit dem Spatel nach unten schieben.

8 Nougat und Öl zugeben, 2 Min. 30 Sek./50 °C/Stufe 1 schmelzen. Die Glasur 10 Minuten abkühlen lassen, damit sie etwas dickflüssiger wird, dann auf dem abgekühlten Kuchen verteilen, mit dem Krokant bestreuen und fest werden lassen (ca. 45 Minuten).

9 Nusskuchen in 20 Stücke schneiden und servieren.

### *Tipp*

Da jeder Backofen anders ist und die Backzeit von Teigen dadurch variieren kann, empfehle ich dir die Stäbchenprobe, denn sie zeigt dir, ob dein Kuchen schon fertig ist, vielleicht auch schon mal 10 Minuten vor der angegebenen Backzeit.

Dafür stichst du einfach mit einem langen Holzspieß an der tiefsten Stelle deines Kuchens hinein: Bleiben beim Herausziehen Teigreste am Stäbchen haften, muss der Kuchen noch weiterbacken und du wiederholst die Stäbchenprobe nach 5–10 Minuten. Ist das Stäbchen sauber und es klebt kein Teig mehr daran, dann ist dein Kuchen auch wirklich fertig und du kannst ihn aus dem Ofen nehmen.

# Nussroulade gefüllt mit Beeren, ohne Mehl

10 Portionen

Von meiner lieben Nachbarin auch liebevoll „Tante-Hilda-Roulade“ genannt. Von ihr habe ich auch das tolle Rezept erhalten und dachte mir, das muss ich unbedingt Thermomix®-tauglich machen und mit der Welt teilen. Die weltbeste Roulade!

## ZUTATEN

**Nussbiskuit**
150 g Haselnüsse
5 Eier
150 g Feinkristallzucker

**Creme-Füllung**
250 g Sahne
50–60 g Staubzucker
90 g Frischkäse
1 TL Rum
Saft von ½ Zitrone
125 g Himbeeren
125 g Heidelbeeren

## ZUBEREITUNG

1 Haselnüsse in den Mixtopf geben und 8 Sek./Stufe 8 zerkleinern. In eine Schüssel umfüllen.

2 Rühraufsatz einsetzen. Eier in den Mixtopf geben und 3 Min./37 °C/Stufe 4 schaumig rühren.

3 Zucker zugeben und weitere 10 Min./ Stufe 4 schaumig schlagen. Backofen auf Ober-Unterhitze 160 °C vorheizen und ein Backblech mit Backpapier vorbereiten.

4 Die gemahlenen Nüsse zur Eier-Zucker-Masse geben und für 8 Sek./Stufe 3 unterheben.

5 Die Masse auf das vorbereitete Backblech geben und gleichmäßig verstreichen.

6 Nun für 15–17 Minuten bei 160 °C backen. Anschließend das Backpapier mit der Roulade vom Blech ziehen und auf ein Kuchengitter geben zum Auskühlen. Einige Stunden, am besten über Nacht, komplett auskühlen lassen, damit sie beim Aufrollen nicht bricht.

7 Sobald die Roulade ausgekühlt ist, die Fülle zubereiten. Setze dafür den Rühraufsatz ein. Sahne in den Mixtopf geben und ohne Zeiteinstellung/Stufe 3 steif schlagen (siehe Tipp).

8 Frischkäse, Staubzucker, Rum und Zitronensaft zugeben. Alles für 10 Sek./ Stufe 3 vermischen. Mit dem Spatel nach unten schieben und erneut 7 Sek./Stufe 3 vermischen.

9 Die Roulade mit der Creme gleichmäßig bestreichen, die Früchte darauf verteilen und dann eng aufrollen. Nun nach Belieben verzieren.

### *Tipp*

Für die Deko habe ich einfach die Creme ein zweites Mal zubereitet und die Roulade damit bestrichen und dekoriert. Oben noch ein paar frische Früchte drauf und fertig ist eine wunderschöne Roulade.

Sahne steif schlagen:

Die Sahne muss kalt aus dem Kühlschrank sein und der Mixtopf sollte so kalt wie möglich sein.

Je höher der Fettgehalt der Sahne ist, desto schneller wird deine Sahne steif sein.

Die Dauer zum Schlagen der Sahne hängt von der Temperatur, dem Fettgehalt und der Menge der Sahne ab. Sie kann sehr stark variieren, behalte deshalb die Sahne beim Aufschlagen im Auge, damit diese nicht zu Butter wird. Es verändert sich auch das Geräusch im Mixtopf, sobald die Sahne fest wird. Hör genau hin.

# Mamas gebackene Topfentorte

16 Portionen

Dieses Rezept meiner Mama wird von uns seit Jahrzehnten – eigentlich seit ich denken kann – zu den unterschiedlichsten Feiern mit Liebe und viel Zeit gebacken. Im Gasthaus meiner Eltern wird den Gästen mit dieser Torte auch stets ein Lächeln ins Gesicht gezaubert.

Ich habe es nun endlich für den Thermomix® umgeschrieben und auf Herz und Nieren getestet; so kann es nun in die Geschichte eingehen. Ihr seid Teil davon und dürft sie auch gleich ausprobieren und vor allem genießen!

## ZUBEREITUNG

1 Mixtopf fettfrei spülen (siehe Tipp). Rühraufsatz einsetzen, Eiklar und Salz in den Mixtopf geben und 5 Min./ Stufe 3.5 steif schlagen. Währenddessen den Boden einer Springform (Ø 28 cm) mit Backpapier auskleiden und den Rand mit Backtrennmittel (siehe Basisrezepte) einfetten.

2 Rühraufsatz entfernen, den steifen Eischnee in eine große Schüssel umfüllen und bis zur weiteren Verwendung in den Kühlschrank stellen.

3 Butter, Zucker, Vanillezucker in den Mixtopf geben, 2 Min./Stufe 3.5 rühren, Eigelbe zugeben und 8 Min./ Stufe 3.5 schaumig mixen.

4 Backrohr auf 140 °C Heißluft vorheizen.

5 Quark, Vanillepuddingpulver, Vanilleextrakt, Zitronensaft, Zitronenabrieb und Rum in den Mixtopf zugeben und 30 Sek./Stufe 5 verrühren. Alles mit dem Spatel nach unten schieben und erneut 30 Sek./Stufe 4.5 vermischen.

6 Die Quarkmasse zum Eischnee in die Schüssel umfüllen und mit einem Schneebesen vorsichtig unterheben.

7 Den Teig in die vorbereitete Springform geben, den Guss darauf verteilen und die Quarktorte für 120–140 Minuten backen. Damit sie dir nicht zu dunkel wird, decke sie am besten nach ca. 80 Minuten mit einem Backpapierbogen ab.

8 Ganz wichtig ist es, dass du die Torte nach dem Backen im Ofen nachziehen lässt, bis sie komplett abgekühlt ist.

9 Topfentorte in 16 Stücke schneiden, mit Staubzucker bestreut servieren und aus vollem Herzen genießen.

### *Tipp*

Mixtopf fettfrei spülen: damit dein Eiweiß wirklich steif wird, ist es zwingend notwendig, dass dein Mixtopf inkl. Rühraufsatz fettfrei sind. Setze dafür den Rühraufsatz in den Mixtopf, gib 600 g warmes Wasser und 20 g Essig in den Mixtopf und spüle 1 Min./Stufe 4, aktiviere nach den ersten 30 Sek. den Linkslauf. Anschließend spülst du den Mixtopf und Rühraufsatz mit kaltem Wasser ab und trocknest deinen Topf mit einem sauberen Geschirrtuch gründlich ab. Nun kann es losgehen mit dem Eischneeschlagen.

# Beeren-Vanilleröllchen

18 Röllchen

## ZUTATEN

Pudding
250 g Milch
60 g Zucker
16 g Vanillepuddingpulver
20 g Vanillezucker (siehe Basisrezepte)
1 Prise Salz
15 g Speisestärke
18 TL Marmelade (siehe Beeren-Chia-Marmelade)
3 Packungen Blätterteig, à 275 g
1 Eigelb + 1 EL Milch, verquirlt

## ZUBEREITUNG

1. Für den Pudding Rühraufsatz einsetzen. Milch, Zucker, Puddingpulver, Vanillezucker, Salz und Speisestärk in den Mixtopf geben und 10 Min./100 °C/Stufe 3 einkochen.
2. Vanillepudding in eine Schüssel umfüllen und vollständig abkühlen lassen.
3. Sobald der Pudding kalt ist, Ofen auf 180 °C Heißluft vorheizen.
4. 1 Rolle Blätterteig auf eine leicht bemehlte Arbeitsfläche, optional WunderMat, geben und etwas ausrollen (30 x 36 cm), optional RollPro verwenden.
5. Zu 6 Rechtecken (à 12 x 15 cm) schneiden. Je 1 TL Pudding und 1 TL Marmelade auf das unterste Drittel jedes Rechtecks geben, links und rechts je 1 cm freilassen.
6. Von links und rechts einklappen und vorsichtig aufrollen.
7. Die gefüllten Röllchen mit dem Schluss nach unten auf ein Backblech mit Backpapier legen, zweimal oben leicht einschneiden und mit der Eigelb-Milch-Mischung bestreichen.
8. Mit den restlichen Zutaten ebenso vorgehen.
9. Im vorgeheizten Ofen ca. 16 Minuten goldgelb backen, auf einem Kuchengitter abkühlen lassen. Mit Staubzucker bestreut servieren.

www.rollpro.de

# Espresso-Pannacotta mit Schokostreuseln

4 Portionen

## ZUTATEN

**Panna Cotta**
400 g Sahne
120 g Espresso
60 g Zucker
10 g Vanillezucker (siehe Basisrezepte)
1 Vanilleschote, Mark und Schote
1 EL Vanilleextrakt
4 Blätter Gelatine

**Streusel**
140 g Weizenmehl 700 (DE 550)
25 g Backkakao
100 g Butter, kalt
70 g Zucker
2 EL Espresso, kalt, ca. 15 g
1 Prise Salz

## ZUBEREITUNG

1 Mehl, Kakao, Butter, Zucker, Espresso und Salz in den Mixtopf geben, 10 Sek./Stufe 6 vermischen. In eine Schüssel umfüllen und bis zur weiteren Verwendung in den Kühlschrank stellen. Mixtopf spülen.

2 Sahne, Espresso, Zucker, Vanillezucker, Mark der Vanilleschote, ausgekratzte Schote sowie Vanilleextrakt in den Mixtopf geben und 15 Min./90 °C/Linkslauf/Stufe 2 kochen.

3 Anschließend ca. 10 Minuten abkühlen lassen und währenddessen Gelatine in kaltem Wasser einweichen.

4 Vanilleschote aus dem Mixtopf nehmen. Ausgedrückte Gelatine in den Mixtopf zugeben und 45 Sek./Stufe 3 auflösen.

5 4 Förmchen, Tassen oder Gläser mit Wasser ausspülen und die gekochte Sahne-Espresso-Mischung einfüllen. Espresso-Panna-Cotta mind. 6 Stunden, am besten über Nacht, abgedeckt im Kühlschrank fest werden lassen.

6 Gegen Ende der Kühlzeit den Backofen auf 180 °C Ober-/Unterhitze vorheizen und ein Backblech mit Backpapier auslegen. Streusel darauf verteilen und für 15–20 Minuten backen. Abkühlen lassen.

7 Pannacotta im Gläschen mit Streuseln dekorieren und servieren oder auf 4 Teller stürzen und mit Schoko-Espresso-Streuseln toppen.

# Crema catalana mit Zimt & Orange

4 Portionen

Diese katalanische Dessertcreme, mit einer Karamellschicht überzogen, ist ein Traum, wenn es um Nachspeisen geht. In den Schälchen serviert ist sie auch noch ein echter Hingucker.

## ZUTATEN

500 g Milch
Schale von 1 Bio-Orange, in Streifen
3 Eigelbe
60 g Zucker
1 TL Orangenzucker (siehe Basisrezepte)
25 g Speisestärke
1 Zimtstange
4 EL brauner Zucker

## ZUBEREITUNG

1. Rühraufsatz einsetzen. Milch, Orangenschale, Eigelbe, Zucker, Orangenzucker und Speisestärke in den Mixtopf geben und 22 Sek./Stufe 3.5 vermischen. Rühraufsatz entfernen.
2. Zimtstange zugeben und 8 Min./90 °C/ Linkslauf/Stufe 2 aufkochen.
3. Zimtstange entfernen, Crema catalana in 4 Schälchen umfüllen und für mind. 1 Stunde im Kühlschrank kaltstellen.
4. Crema catalana kurz vor dem Servieren dünn mit braunem Zucker bestreuen, mit einem Bunsenbrenner karamellisieren und sofort servieren.

### *Tipp*

Solltest du keinen Bunsenbrenner haben, kannst du auch die Grillfunktion deines Ofens nutzen. Gib dafür die Schälchen nach dem Abkühlen auf ein Ofengitter. Heize den Ofen auf Grillfunktion vor. Sobald der Ofen aufgeheizt ist, kannst du das Gitter mit den mit Zucker bestreuten Förmchen in den Ofen schieben und ca. 2 Minuten karamellisieren lassen.

Bleibe bei diesem Vorgang unbedingt dabei, denn je nach Ofen kann es sehr schnell gehen und der Zucker darf nicht zu dunkel werden. Achtung beim Herausnehmen der Schälchen aus dem Ofen!

# Schokomousse mit Aquafaba

6 Portionen

Luftig, cremig und unwiderstehlich schokoladig. Wenn auch Kichererbsen-Wasser auf den ersten Blick unvorstellbar klingt, musst du dieser Mousse au Chocolat unbedingt eine Chance geben. Ich verspreche dir, sobald du den ersten Löffel probiert hast, wirfst du alle Zweifel über Bord und kommst aus dem Genießen nicht mehr raus!

## ZUTATEN

50 g Zucker
1 TL Vanillezucker (siehe Basisrezepte)
¼ TL Vanille, gemahlen
85 g Zartbitterschokolade, mind. 40 % Kakaoanteil
1 TL Rapsöl
1 EL Vanilleextrakt
100 g Kichererbsen-Wasser aus der Dose, gekühlt (siehe Tipp)
z. B. wenn du meinen Hummus machst (siehe Aufstriche & Dips)
1 EL Zitronensaft
frische Beeren, zur Dekoration, optional

### *Tipp*

Du kannst auch das Wasser von Kidneybohnen als Alternative verwenden. Dein verwendetes Wasser soll wenig bis gar nicht gesalzen sein und ich empfehle dir, Bio-Qualität zu verwenden.

Das Kichererbsen-Wasser und alle Utensilien müssen kalt sein, damit dir die Aquafaba gelingt. Die Schokolade darf beim Unterrühren auf keinen Fall zu warm sein und es darf nicht zu lange gerührt werden, denn dann kann die Mousse in sich zusammenfallen.

Verwende auf keinen Fall Alkohol, denn der sorgt ebenfalls dafür, dass die Aquafaba zusammenfällt.

Mit der Höhe des Kakaoanteils bestimmst du die Festigkeit deiner Mousse. Je höher der Kakaoanteil, desto fester wird deine Mousse am Ende.

## ZUBEREITUNG

1 Zucker, Vanillezucker und gemahlene Vanille in den Mixtopf geben, 10 Sek./Stufe 10 pulverisieren. In eine Schüssel umfüllen und beiseitestellen.

2 Schokolade in den Mixtopf geben und 8 Sek./Stufe 8 mahlen. Mit dem Spatel nach unten schieben, Vanilleextrakt zugeben und 3 Min./45 °C/Stufe 3 schmelzen. In eine Schüssel umfüllen und zur Seite stellen. Mixtopf gründlich spülen und trocknen. Mixtopf muss kalt sein.

3 Rühraufsatz einsetzen. Kichererbsen-Wasser und Zitronensaft in den Mixtopf geben und 5 Min./Stufe 3.5 aufschlagen.

4 Vanillestaubzucker darüber sieben und erneut 5 Min./Stufe 3 weiterschlagen. Aquafaba, bis auf 2–3 EL, in eine Schüssel umfüllen.

5 Rühraufsatz wieder einsetzen. Geschmolzene Schokolade und die Zuckermischung in den Mixtopf zugeben, 20 Sek./Stufe 2.5 verrühren.

6 Restliches Aquafaba zugeben und erneut 7 Sek./Stufe 3 verrühren.

7 Die vegane Schokomousse in Schälchen füllen und mind. 4 Stunden, am besten über Nacht, in den Kühlschrank stellen. Fertige Mousse mit frischen Beeren dekorieren und servieren.

# Mach dir das Mixen leichter

In diesem Kapitel bekommst du von mir viele wertvolle und hilfreiche Tipps & Tricks im Umgang mit deinem Thermomix®. Egal ob es darum geht, dass du lange Freude mit deinem Gerät hast, indem du gewisse Dinge vermeidest bzw. einhältst, oder dass du dir deinen Kochalltag noch vereinfachst, indem du diese Tricks beherzigst und dir vieles sparst.

Ich möchte auch gleich loslegen und dich nicht lange auf die Folter spannen.

## Anwendungs- und Pflegetipps

- Bis auf dein Grundgerät darf bei deinem TM6 alles in den Mixtopf (TM5 durchsichtiger Varoma-Deckel ausgenommen). Angefangen vom Mixtopf, zerlegt in seine Einzelteile, über das Zubehör bis hin zum Varoma-Behälter komplett.
- Achte darauf, dass du kein aggressives Geschirrspülmittel verwendest, vermeide es, Multi-Tabs mit Klarspüler und Salz zu kombinieren. So stellst du sicher, dass das Material deines Mixtopfes nicht angegriffen wird. Sollte dies doch einmal der Fall sein, reibe die betroffenen Stellen mit etwas Pflanzenöl ein und pflege somit das Material regelmäßig.
- Sollte dein Mixtopfgriff mögliche Kalkablagerungen aufweisen, dann löse diese, indem du die betroffene Stelle mit Essig einreibst und kurz einwirken lässt. Anschließend einfach mit Wasser spülen und trocknen lassen.
- Verwende für leichte Verschmutzungen bzw. zur Vorreinigung jedoch immer auch den Modus Vorspülen, denn im Prinzip hast du damit einen eingebauten Geschirrspüler inklusive. Probiere dich doch mal durch die unterschiedlichen Reinigungsprogramme deines TM6.
- Ganz wichtig, um dein Messer zu schonen, ist folgender Anwendertipp. Sei niemals zu zögerlich beim Bedienen deines Thermomix®. Leider habe ich das in der Vergangenheit zu oft beobachtet und immer als Tipp mit Priorität eins an Kunden weitergegeben. Wenn du dein Gerät zum Zerkleinern nutzt, musst du immer gleich Vollgas geben, um zu vermeiden, dass dein Messer mit der Zeit bei der sogenannten Sollbruchstelle bricht. Diese dient dazu, den Motor vor jeglichen Überlastungen zu schützen. Wenn du nun Käsestücke, Schokolade, Nüsse, Gefrorenes

oder Ähnliches zerkleinern möchtest, dann drehe den Wählerkreis **immer,** ohne zu zögern und ohne Zwischenstopps, auf die Zielstufeneinstellung, z. B. Parmesan in Stücken für 8 Sek./Stufe 8 zerkleinern. Sofort von 0 auf 8, ohne zu zögern, auch in Guided-Cooking-Rezepten. Ansonsten riskierst du, dass sich irgendwann mal beim langsamen Beschleunigen ein Stück unter einem der 4 Messer verhakt und somit die Sollbruchstelle reißt, um gröbere Schäden am Motor zu verhindern. Du musst dann zwar „nur" dein Messer ersetzen, aber es wäre schade um das rausgeschmissene Geld.

- Um auf lange Sicht Schäden oder Beeinträchtigungen deiner Waage zu vermeiden, ist es von Wichtigkeit, dass du sicherstellst, dass dein Thermomix® an einem fixen Platz steht. Sollte dies nicht der Fall, ist es für dich nötig zu wissen, dass du diesen nie und nimmer verschieben darfst, außer dein Gerät steht auf einem dafür vorgesehene Gleitbrett, welches dir das Bewegen deines Thermomix® ermöglicht. Mit einem Gleitbrett bist du auf der sicheren Seite, denn damit kannst du deinen Küchenhelfer immer ganz einfach dort platzieren, wo du ihn gerade haben möchtest. Ich kann dir von Herzen die KitchenSlider® von Wundermix empfehlen. Damit habe ich von Beginn an nur gute Erfahrungen und Rückmeldungen von zufriedenen Anwendern.
- Beachte immer die Angaben zur Anwendung auf deinem Thermomix®-Zubehör, ganz egal ob Originalzubehör von Vorwerk oder Zubehör von Wundermix. Du findest die Zahlen und Zeichen immer direkt auf deinem Produkt.
- Verwende deinen Varoma bei Rezepten mit potenzieller Gefahr des Überkochens z. B. bei Kartoffelpüree, Marmeladen, Soßen und Gericht mit Milch und Sahne. So stellst du sicher, dass sich – sollte mal etwas überkochen – die Flüssigkeit in deinem Varoma-Behälter sammelt und nicht unschön an deinem Mixtopf und/oder dem Grundgerät herunterläuft und eventuell noch größere Schäden anrichtet.
- Um beim Pulverisieren übermäßiges Stauben zu vermeiden, z. B. bei Staubzucker, Vollwertmehl etc., empfehle ich dir den Miximizer von Wundermix. Solltest du diesen nicht haben, nimm einfach ein Blatt Küchenpapier und gib es zwischen Mixtopf und Mixtopfdeckel. Beim Verriegeln wird es dort eingeklemmt und fängt beim Pulverisieren und Mahlen den meisten Staub ab. So verringerst du die Staubentwicklung beim Öffnen des Deckels. Wirklich ein sehr empfehlenswerter Tipp.
- Nüsse, Schokolade, Käse etc. hacken oder z. B. Leinsamen schroten, ganz einfach mit dem Turbo-Modus. Aktiviere dafür einfach 2 Sek./Turbo-Modus und schon hast du deine Zutaten grob zerkleinert. Das machst du, wenn du etwas nicht fein mahlen möchtest.
- Eischnee richtig steif schlagen. Dazu Mixtopf fettfrei spülen: Damit dein Eiweiß wirklich steif wird, ist es zwingend notwendig, dass dein Mixtopf inkl. Rühraufsatz fettfrei

ist. Setze dafür den Rühraufsatz in den Mixtopf, gib 600 g warmes Wasser und 20 g Essig in den Mixtopf und spüle 1 Min./Stufe 4. Aktiviere nach den ersten 30 Sek. den Linkslauf. Anschließend spülst du den Mixtopf und Rühraufsatz mit kaltem Wasser ab und trocknest deinen Topf mit einem sauberen Geschirrtuch gründlich ab. Nun kann es losgehen mit dem Eischneeschlagen.

- Sahne steif schlagen: Die Sahne muss kalt aus dem Kühlschrank sein und der Mixtopf sollte so kalt wie möglich sein. Je höher der Fettgehalt der Sahne ist, desto schneller wird deine Sahne steif sein. Die Dauer zum Schlagen der Sahne hängt von der Temperatur, dem Fettgehalt und der Menge der Sahne ab. Sie kann sehr stark variieren, behalte deshalb die Sahne beim Aufschlagen im Auge, damit diese nicht zu Butter wird. Es verändert sich auch das Geräusch im Mixtopf, sobald die Sahne fest wird. Hör genau hin.

## Thermomix®-Reinigungstipps

Dein Topfboden ist von Kalkablagerungen gezeichnet oder du möchtest ihm wieder neuen Glanz verleihen?

- Gib die gewaschenen und getrockneten Schalen von 6–7 Eiern in deinen Mixtopf und mahle diese für 25 Sek./Linkslauf/Stufe 6–8 ansteigend. Spüle den Topf anschließend und du wirst vom neuen Glanz deines Topfes begeistert sein.
- Für eine weitere Portion Glanz gibst du 1 Liter Wasser mit 1 Geschirrspültab in den Mixtopf und reinigst diesen damit für bis zu 60 Min./70 °C/Stufe 3. Anschließend nur noch spülen, et voilà!
- Wenn sich dein Deckel oder dessen Gummidichtung einmal durch das Kochen mit Tomaten, Kurkuma, Curry etc. stark verfärbt hat, dann lege deinen gewaschenen Deckel einfach mit der betroffenen Stelle nach oben in die Sonne oder in den Schein des nächsten Vollmondes und du wirst staunen. Es wird alles wie weggezaubert sein, keine Flecken oder Verfärbungen mehr.
- Unangenehme Gerüche in deinem Mixtopf, z. B. vom letzten Gemüsecurry, Knoblauch und Ähnlichem, vertreibst du, indem du eine Handvoll Kaffeebohnen in den Mixtopf gibst und diese für 30 Sek./Stufe 10 mahlst. Lass das gemahlene Kaffeepulver mehrere Stunden, am besten über Nacht, in deinem Mixtopf. Spüle diesen und du wirst sehen, die Gerüche haben sich verabschiedet.
- Du möchtest trockene Zutaten wie Nüsse, Schokolade, Dinkelkörner oder Zucker mahlen, hast aber deinen Thermomix gerade gewaschen und möchtest ihn noch ordentlich trockenen für seinen nächsten Einsatz? Dann verschließe den leeren Mixtopf und aktiviere für 2 Sek./Turbo-Modus. Entferne Wasserreste vom Mixtopfrand

mit einem Küchentuch. Anschließend gibst du ein sauberes, trockenes Geschirrtuch in den Mixtopf und trocknest nochmal gründlich für 30 Sek./Linkslauf/Stufe 2.5. Nun kannst du dich wieder dem Mahlen trockener Zutaten widmen.

- Nach dem Zubereiten von Teigen, Aufstrichen oder Cremes bietet es sich an, sämtliche Reste unter deinem Mixtopfmesser mit folgendem Trick zum Großteil zu entfernen. Aktiviere für 2 Sek./Turbo-Modus und nutze die Fliehkraft, um Reste an den Mixtopfrand zu schleudern. Bei Bedarf wiederholst du den Vorgang ein weiteres Mal. Du wirst sehen, was da noch alles rauszuholen ist.

Hier findest du eine Playlist für mein Thermomix® 1x1:

https://youtube.com/playlist?list=PLaL3rlEwOtTCILeK0folwF7zQGXodp5_y&si=E_srsSThFvf9sUF8

# Ich möchte Danke sagen

Ich möchte dir – ja, dir als Leser – dafür danken, dass du dich für mein Herzensprojekt entschieden hast. Dafür, dass du mich und mein Kochbuch unterstützt, denn ohne dich wäre das wohl völlig umsonst gewesen. Ich danke dir, dass du meine Arbeit wertschätzt und hilfst, mein Buch in die Welt zu tragen.

Ein unglaublich großes Danke geht an meinen Mann Andreas. Ich kann gar nicht beschreiben, wie unendlich dankbar ich dir für deine Unterstützung bin. Du hast schon immer an mich geglaubt und es war ein sehr schöner Weg, den wir wieder einmal gemeinsam gegangen sind. Es ist mir das Wichtigste, dich an meiner Seite zu wissen und solch wundervolle Ereignisse mit dir teilen zu können. Du hast dieses Buch mit der Unterstützung beim Fotografieren überhaupt erst möglich gemacht. Du hast diesem Werk Leben eingehaucht und dafür auch ein dickes Lob. Du hast so viele Fotos geschossen, an denen ich zuerst verzweifelt wäre, du hast das Ruder übernommen und es gemeistert. Du hast es gerockt, wir haben es gerockt. Ich liebe dich und du bist spitze! Danke, dass du an meiner Seite bist.

Ich möchte auch meinen Kindern für ihr Verständnis danken. Es war doch auch eine herausfordernde Zeit, wo meine Jungs manchmal nicht die Zeit bekommen haben, die sie von ihrer Mama gewohnt sind. Sie haben mir jedoch immer ihr Verständnis entgegengebracht und sich einfach so toll untereinander und mit ihrem Papa beschäftigt, dass das alles kein Problem war. Meine Rezepte haben sie natürlich auch mit Freude getestet und, wie man weiß, Kinder sind die ehrlichsten Wesen auf dieser Erde, was auch gut so ist. So trägt mein Kochbuch auch ein Stück von euch in sich. Wir haben das gemeistert und ihr seid einfach großartig. Ich liebe euch bis zum Regenbogenschloss und wieder zurück (kleiner Insider).

Ich danke meiner Familie und meinen Freunden für die positiven Vibes, die ihr mir auf diesem Weg mitgegeben habt. Danke fürs Zuhören und für eure zahlreichen Tipps und Ideen, die mir das Schreiben an manchen Punkten erleichtert haben oder wieder in Schwung gebracht haben. Vielen Dank an Romana und Barbara für das genussvolle Testen meiner Rezepte, das Probieren meiner Gerichte und für eure ehrliche Meinung. Ich habe euch lieb!

Danke an Mama und Papa, dass ihr mich immer unterstützt und für mich da seid! Dafür, dass ihr zu meinen größten Fans zählt. Ich liebe euch.

Danke meinem Bruder Roman, dafür, dass du schon von Anfang an mein Buch feierst, dass du mich damit immer wieder aufs Neue motiviert hast und einfach an mich glaubst. Ich habe dich sehr lieb!

Im Grunde danke ich auch meinem gesamten Umfeld für die motivierenden und unterstützenden Gespräche, für eure Vorfreude auf mein Buch, für die Bestellungen ab Stunde null und einfach alles, was ihr mir an Energie mit auf den Weg gegeben habt. Danke für euer Interesse und euren Zuspruch. Ich hoffe, ihr habt eine riesige Freude mit dem Endergebnis.

Ich danke auch dem ganzen Team vom Eulogia Verlag für einfach alles. Für die Chance, meinen Traum vom eigenen Kochbuch zu verwirklichen, für eure mega Unterstützung, die wundervolle Arbeit, die ihr leistet, und dafür, dass ihr dieses Buch zu *meinem* Buch gemacht habt. Danke für die Möglichkeit, so viel von mir und meinen Vorstellungen umzusetzen.

Danke an Wundermix für die schöne Zusammenarbeit mit euch, eure Unterstützung und eure tollen Produkte. Ich bin sehr froh, euch als Partner an meiner Seite zu haben.

# Alphabetisches Rezeptregister


**A**

Ampel-Hummus-Dreierlei • 106
Apfel-Nuss-Müsli mit Quark • 78
Apfeltiramisu, ohne Ei und Alkohol (+ selbst gemachtes Apfelmus) • 188
Auberginen-Shakshuka mit Ei • 84
Auberginen-Tomaten-Suppe • 142
Avocado-Schoko-Aufstrich • 114

**B**

Backtrennmittel 1, 2, 3 à la KochEule • 53
Beeren-Chia-Marmelade • 112
Beeren-Vanilleröllchen • 200
Blitz-Flammkuchen • 128
Brainfood-Brot • 88
Brokkoli-Käse-Suppe mit Schinkenbällchen • 140

**C**

Chili sin carne • 176
Crema catalana mit Zimt & Orange • 204
Cremiger Gemüseeintopf • 156

**D**

Dattel-Curry-Aufstrich mit Feta • 104
Dinkel-Buttermilch-Kruste • 90

**E**

Emmer-Nuss-Brötchen „über Nacht" (perfekte Frühstücksbrötchen) • 94
Energiebällchen für Groß & Klein • 130
Espresso-Pannacotta mit Schokostreuseln • 202

**F**

Fleischlaibchen für Vitaminjäger auf Rote-Bete-Kartoffelpüree • 182
Fruchtige Kürbiscremesuppe mit Bulgur (mit selbst gemachter Kokosmilch) • 136
Fruchtschnitten • 124
Frühstücks-Muffin (Brioche-Schnecke) • 70
Frühstücks-Toasties • 76

**G**

Gebackene Schokobanane im Schlafrock • 122
Gebratene Reisnudeln in Currysoße mit Gemüse und Rinderfiletstreifen • 160
Gemüsepaste • 50
Granola à la Claudia (+ das schnellste Vanillejoghurt) • 72

**H**

Haferdrink • 62
Hähnchen-Curry-Reis mit Möhren und Mais • 175
Hirse-Birchermüsli • 82

**K**

Kalbsrahmgulasch mit Laugenknödel • 151
Käse-Nuss-Stangen (inkl. süßer Varianten) • 100
Käsesuppe mit Hackbällchen • 144
Knusprige Kornstangen • 96
Kokos-Currysuppe mit Garnelen (mit selbst gemachter Kokosmilch) • 138
Kokosmilch-Paste • 60
Körndl-Brötchen mit Käse-Kern (superschnell – ohne Gehzeit) • 92

**M**

Mamas gebackene Topfentorte • 198
Mandeldrink • 64
Mango-Tomaten-Chutney • 108
Milchreis mit warmen Kirschen • 190

**N**

Nusskuchen mit Schoko-Nougat-Guss • 194
Nussroulade gefüllt mit Beeren, ohne Mehl • 196

**O**
One-Pot-Fischeintopf mit Kartoffeln • 165
One-Pot-Kürbis-Käse-Makkaroni • 172
One-Pot-Pasta Aglio Olio mit Tomaten, Basilikum und Nussparmesan • 170
Overnight Oats – mein Lieblingsfrühstück • 68

**P**
Pfannkuchen „die Besten“ • 126
Pizzaschnecken • 120
Porree-Risotto mit Hühnchen • 168
Power Snickers • 132
Putenroulade in Kräuter-Senfsoße mit Kartoffeln und Gemüse • 162

**S**
Schokomousse mit Aquafaba • 206
Schweinefilet im Kräuter-Parmesan-Mantel mit Gemüse und Jasminreis • 154
Süßkartoffel-Linsen-Lasagne • 179
Süßkartoffelbutter, vegan • 110
Spinat-Rührei-Muffins • 74

**T**
Tomaten-Frischkäse-Gnocchi mit Lachs – unser Highlight • 158
Trinkfrühstück „to go“ (inkl. Erdnussbutter Rezept) • 80

**U**
Überbackene Gnocchi „quattro formaggi“ mit Spinat • 184
Unwiderstehliche Brokkoli-Chips • 118

**V**
Vanille-Sahne-Marmorgugelhupf • 192
Vanillezucker einfach selbst gemacht • 55
Vitamingeladene Dinkelbrötchen (Übernachtgare) • 98

**Z**
Zitronensalz • 59
Zitronen- oder Orangenzucker • 56

Liebe Leserin, lieber Leser,

hat Ihnen dieses Buch gefallen?
Ihr Feedback, Ihre Anregungen und Ihre Kritik bedeuten uns viel, denn sie helfen uns, unsere Bücher kontinuierlich zu verbessern.

Die Meinung und Zufriedenheit unserer geschätzten Leserinnen und Leser stehen im Mittelpunkt unseres Schaffens. Ihre Gedanken sind uns wichtig.

Zögern Sie daher nicht, uns zu kontaktieren und Ihre Gedanken mit uns zu teilen. Senden Sie uns einfach eine E-Mail an:
feedback@eulogiaverlag.de

Besuchen Sie auch gern unsere Verlagsseite und entdecken Sie weitere spannende Bücher unter:
www.eulogiaverlag.de

Wir sind gespannt auf Ihre Nachricht und freuen uns darauf, von Ihnen zu hören!

Herzlichst
Ihr **Eulogia Verlag**